Campus
Notebook
物理
数学
Swing
現代文重用語練習帳
NOTE BOOK
Nakabayashi
KOKUYO
NOTE BOOK DELUXE AND SUPER FINE
ジュネーブはスイスの首都
PART I
SELECT EXERCISE NOTE
Superior Note Book
biology
II
基礎英文
問題精講
Boston Note
ROUTE TO THE TOP
NOTE BOOK
宿題ノート
漢文 問題集用
NOTE BOOK
BIOLOGY
I
英語R
Campus
LOOSE
LEAF
ドット入り
国語
(古典)
(文)
中村太一
物理 (No.2)
2年2組11番
尾形哲朗
おえかきちょう
化学漆修
vol.4
6mmB5
古文
Conferma
数学A
School
NOTE BOOK
数学II・III

Swing
Nakabayashi
Campus
数学Ⅲ
KOKUYO
化学 No.2
NOTE BOOK
生物
Campus
現代文
KOKUYO
Superior
地理
地
superior note book
テスト用
Expert
化学速修
vol.2
APICA
Superior Note Book
physics 3
superior note book
resolution
有機化学Ⅱ
KOKUYO
purple
black
blue
green
yellow
orange
red
pink
JA共済
書道／交通安全ポスターコンクール
Campus
数学Ⅰ(No.2)・Ⅱ
Casual Use
STUDENT UNION
EXCELLENT STATIONERY
Notebook
生物
小田敏弘
Swing
数学Ⅱ チャート
Nakabayashi
Casual Use
STUDENT UNION
EXCELLENT STATIONERY
Superior
スタンダード演習[2]
小田敏弘
Conferma
APICA
SEG 物理速修
NO.3
6mmB5
RADICAL
Campus
KOKUYO
superior note book
テスト用
Campus
東大模試
notebook
物理
Swing
Campus
数学Ⅲ
POLO CLUB
MEMBERS

東大合格生のノートはかならず美しい

太田あや

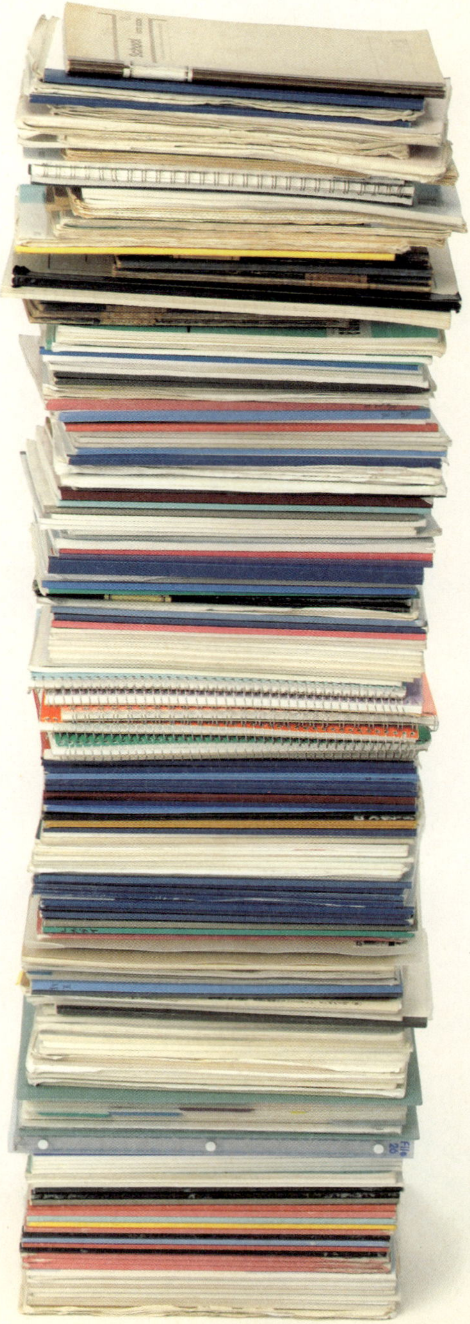

文藝春秋

はじめに

私は2年前まで、通信教育の教材を発行する会社で、高校生向けの受験にまつわる会報誌の編集をしていました。仕事を通じて、多くの高校生や大学生と会い、受験勉強のノウハウを教えてもらいました。

受験生のほとんどは、限られた時間の中、志望の大学に合格するために、ノートに費やす時間があるなら一問でも多く問題を解きたい、という思いで勉強をしていました。たしかにノートがなくても、書店の参考書売場に行けば、要点が整理された参考書や穴あき式のサブノート教材は売られているのだから、それを使えばいいのです。私自身も、受験勉強においてノートはそんなに重要だとは思っていませんでした。

そんな中、ある東大生と出会いました。

彼から渡された受験時代の一冊のノートを見て、とにかく驚きました。ものすごい量の情報が整然と書かれたその生物の授業ノートがあまりにも美しかったからです。ためしに他の教科の授業ノートやまとめノートも見せてもらうと、やはり同じように美しい。

なぜ、彼のノートはこんなにも美しいのだろうか、と疑問に思うと同時に、彼のノートがたまたま美しいだけなのか、ひょっとして他の東大生が書いた受験時代のノートも美しいのだろうか、と興味がわきました。

知人から紹介された東大生に会い受験時代のノートを借り、そしてその東大生から新しい東大生を紹介してもらいまたノートを借りる。気がつけば、手元には200冊のノートが集まっていました。やはりどのノートも美しかったのです。

美しいノートを書くことと東大に合格することは関係があるのか？　その答えが知りたくて、会社を辞め、フリーランスのライターになってからずっと、東大生の取材を続けてきました。そして気づいたのです――美しいノートと東大合格はやっぱりつながっている。東大生の受験時代のノートには、東大に合格するためのルールが隠されている。

そして今回、その内容をこの一冊にまとめました。

太田あや

目次

第二章
東大生のノートをめぐる物語

第三章
〃とうだいのおと〃の黄金ルール

第一章
〝東大ノート〟美しさの秘密

授業ノートにまとめノート、演習ノート……。
東大に合格した学生たちの受験時代のノートは
見やすく整理され、かならず美しかった。
ノートを見ながら、まずはその美しさの秘密を探ってみたい。

合格の鍵をにぎるのは「東大ノート」

わたしは東大卒ではないので、「この本を読めば東大に絶対合格できる」とは言えない。けれども、「かならず合格に近づくことはできる」と思っている。

わたしの興味に付き合って東大生（卒業生を含む）たちが差し出してくれた200冊を超えるノートは、どれも一般的に美しいというだけでなく、言ってみれば「迫力のある美しい」ノートだった。そんなノートをとっていた彼らが口々に言うには、「東大合格に必要なのは、かなりの量の知識はもとより、それをまとめ組み立てて記述する力、そして問題を見たら反射的に手が動くスピード力」とのことであった。その力とノートは、何か関係があるのだろうか？

東大は、入試の科目数（※）が日本で一番多い。大学入試センター試験では、文系は6教科7科目、理系は5教科7科目を受験しなくてはいけない。このセンター試験を突破したら次は、「全問記述式」の2次試験。ここでは、文系・理系とも4教科5科目が課される。つまり、幅広い分野の知識が求められているという点が、東大入試の特徴の一つ目としてあげられる。

合否は、センター試験と2次試験両方の結果から決まるが、センター試験：2次試験の配点の割合は1：4。東大入試では、このように「全問記述式」である2次試験の配点が高く、特に重視されている。この点が二つ目の特徴である。

東大入試に出題される問題は、原則として教科書の範囲（本文だけでなく、欄外の注や資料、図も含まれる）の中で解けるものに限られているが、つまり、それらを暗記してかなりの高得点でセンター試験をクリアしたとしても、それだけでは合格できないのだ。覚えた知識をフル活用しながら、文章や数式を組み立て、いかに早く答案用紙を埋めていくかという作業が、2次試験で点をとるポイントになる。

ライバルより少しでも多く解答を書き入れるためには、入試当日に初めて見る問題でも、じっくり考えてから解き始めるような時間はない。問題を見た瞬間、頭の引き出しを開けて、似た問題をそこからたぐりよせ反射的に手が動くくらいにしておかなくてはならない。そのためには、入試までにできるだけ多く問題に取り組み、解法パターンを体に刻み込んでおく必要がある。

「それで、とにかくノートを使って書く勉強をしなくてはいけないんです。それもただ書くのではなくて、知識をまとめる力やスピード力を意識しなくてはならない。〝意識して書く〟ことを続けることで力が身についていく。だからこそ、ノートが活きてくるんです」

毎年、日本中から1万人近くの秀才が挑み、3000人しか入れない日本の最高学府・東大。なるほど、ノートづくりが東大合格への鍵を握っているのなら、受かった人々のノートが「迫力のある美しい」ノートであることも納得できる。それでは、その抽象的な〝迫力〟のもとをさらに探っていけば、東大合格へと繋がるノートのつくり方も見えてくるのではないか?

本書では、東大合格生たちが使っていたノートを「東大ノート」と呼ぶことにする。この本に登場する「東大ノート」は、全部本物。200冊以上の「東大ノート」を、くる日もくる日もめくり続けてようやくわかった「迫力ある美しさ」のもとを、ご報告していこうと思う。

※センター試験では、文系は「国語、数学2科目、外国語、理科1科目、地理歴史1科目、公民1科目」が、理系は「国語、数学2科目、外国語、理科2科目、地理歴史・公民から1科目」が、2次試験では、文系は「国語、数学、外国語、地理歴史2科目」、理系は「国語、数学、外国語、理科2科目」が課される。
参考：「平成20年度　東京大学入学者募集要項」

東大ノート傑作選

百聞は一見にしかず。まずは、東大合格生がどのようなノートをつくっていたのか。200冊の中から選りすぐった美しいノートを見てみよう。

演習12
反応性
淡黄色
黄緑色
赤褐色
黒紫色
座標平面上の図形

藤原氏北家による他氏排斥

810 冬嗣…蔵人頭 → 842 承和の変…伴健岑→隠岐，橘逸勢→伊豆 }良房
866 応天門の変…伴善男→伊豆，紀豊城→安房
「伴大納言絵詞」
→ 887 阿衡の紛議…橘広相 → 901 昌泰の変…菅原道真＝太宰府
基経　(大宰権帥)
→ 969 安和の変…源高明 ←→ 源満仲，実頼〈完了〉

③ 宇多朝　寛平の治
- 遣唐使の廃止(894)……菅原道真
- 滝口の武士…蔵人所の管轄

<check>
北面の武士…白河上皇
西面の武士…後鳥羽上皇

《平安京》

→794年，和気清麻呂の建議　※794→山背→山城
- 造宮大夫…飛騨工 ～碁盤目状町を形成
- 右京の衰退「池亭記」(慶滋保胤)……桂川湿地帯のため
- 四神相応の地　鬼門→延暦寺

※遷都の理由
- ⓐ「代替わりごとの遷都の慣わし」
- ⓑ 複都主義
- ⓒ 事故(火災，落雷)
- ⓓ 為政者の権力の誇示
- ⓔ 政教分離
- ⓕ 人心の一新

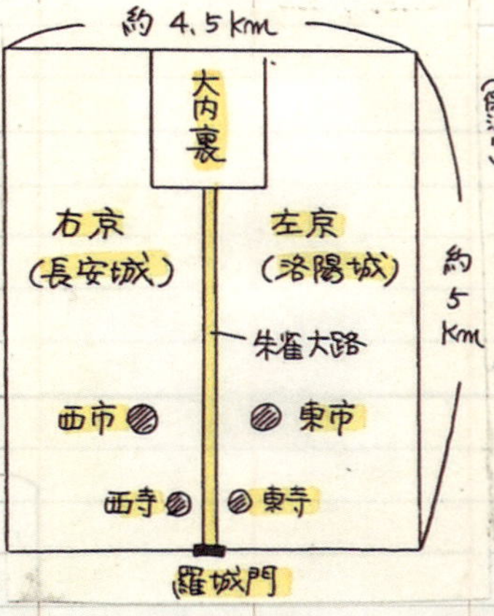

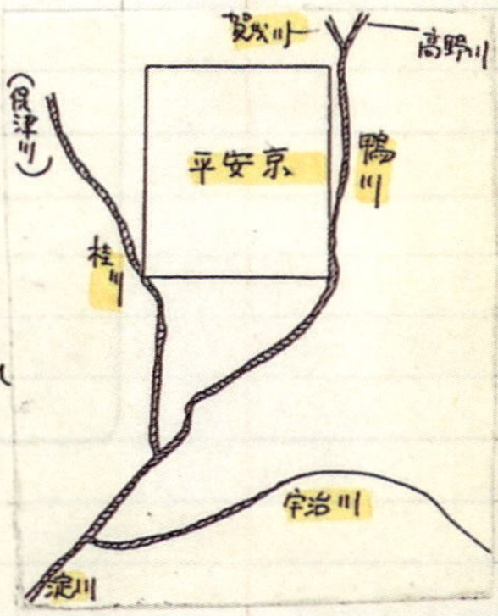

令外官

- 中納言(文武)・鋳銭司(元明)
- 参議(聖武)・問民苦使(孝謙)
- 征夷大将軍 / 按察使(あぜち) / 勘解由使 }(桓武)
- 蔵人所・検非違使　(嵯峨)
- 押領使　・追捕使
- 関白　・内大臣　・奨学院

[史料9]　日本後紀［日本紀略］

十二月壬寅(みずのえとら)，勅有り。参議右衛士督(かみ)従四位下藤原朝臣(あそんおつぐ)緒嗣と参議左大弁正四位下菅野朝臣真道(すがののあそんまみち)と天下の徳政を相論ぜしむ。時に緒嗣議して云く，「方今天下の苦しむ所，軍事と造作なり。此の両事を停(とど)めれば百姓これに安んぜん。」…帝，緒嗣の議を善とす。即ち停廃(ていはい)に従う。有職これを聞き感歎せざるなし。

※安和の変の歴史的意義

藤原氏による他氏排斥最後の事件で，以後摂政・関白常置の体制に入る契機となった事件.

●覚え方●
- 承和の変(842)……はしにもかからぬ承和の変(8 4 2)
- 応天門の変(866)……野郎，むかつく応天門(8 6 6)

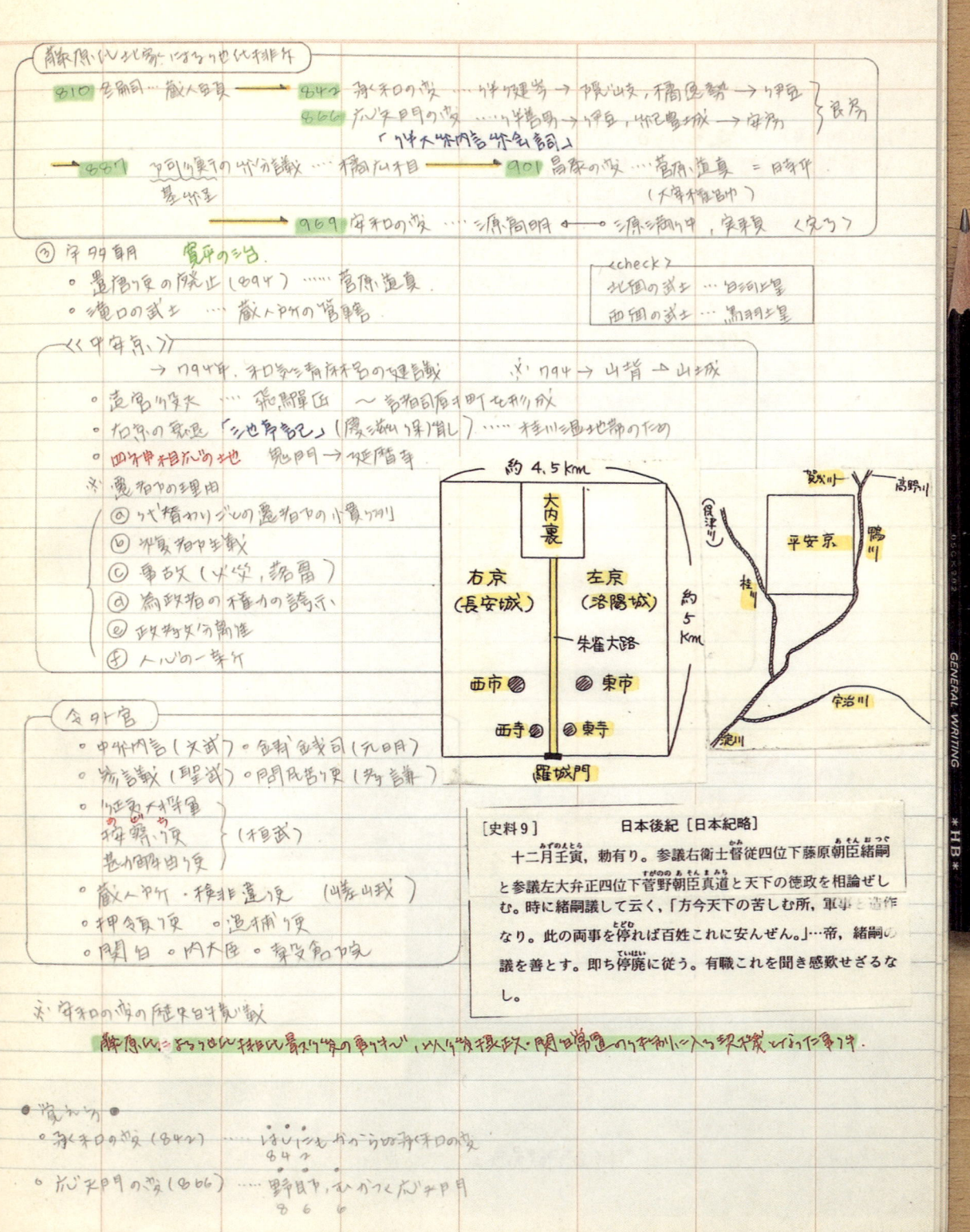

8 平安時代

平安初期の政治

政治

(1) 天皇 … 桓武 → 平城 → 嵯峨 ----→ 清和 ----→ 宇多

① 桓武朝　律令制の再建

- 平城京 → 長岡京（784、藤原種継暗殺）〜早良親王）
- 長岡京時代
  - 軍団制 → 健児制（792）：郡司の子弟（[illegible]）
- 長岡京 → 平安京（794、和気清麻呂）
  - 勘解由使 〜解由状 … 令外官
  - 班田収授：6年1班 → 12年1班（畿内）
  - 良賤間の通婚を許可
  - 雑徭の半減（60日→30日）｝農民負担の軽減化
  - 出挙：3割に軽減化
  - 東北経営：征夷大将軍＝坂上田村麻呂
    鎮守府：多賀城から胆沢城へ、北方に志波城を築く。

※徳政相論　「日本後紀〔日本紀略〕」
藤原緒嗣 × 菅野真道
「軍事（蝦夷征討）」と「造作（平安京造営）」について。

② 嵯峨朝

- 薬子の変（810）…… 藤原薬子，（兄）仲成（式家）→ 平城上皇重祚・平城遷都
- 蔵人所（810）…… 蔵人頭｛（文官）藤原冬嗣（北）…… 令外官
  （武官）巨勢野足

薬子の変：「式家藤原氏が没落し，北家藤原氏が台頭していく契機となった事件」

- 検非違使（長官：検非違使別当）… 令外官
- 弘仁格式の編纂

《類聚三代格式》
弘仁格式 …… 嵯峨天皇　※延喜式のみ完本で残っている。
貞観格式 …… 清和天皇
延喜格式 …… 醍醐天皇

※「令義解」…… 清原夏野（養老律令），「令集解」…… 惟宗直本（大宝律令）

●誤●
「桓武天皇は792年全国の軍団を廃止し、健児制を設けた」✕

- 「軍事」は，徳政論争後，811年まで続いた。
- 蔵人所設置 → 薬子の変　の順。
- 平城上皇（奈良）｝「二所の朝廷」
  嵯峨天皇（京都）
- 811年の東北平定 … 文室綿麻呂
- ｛格＝律令の条文補足
  ｛式＝律・令・格の施行細則
- 平安遷都のころには平安京の中には寺はなかった。

大化の改新後	647 渟足柵(新潟県)設置 648 磐舟柵(新潟県)設置 658〜660 阿倍比羅夫の蝦夷征討 →斉明
奈良時代	712 出羽国の設置 724 多賀城(宮城県)築城。鎮守府を置き、蝦夷征討の根拠地とする 733 出羽柵を秋田城に移す
平安時代初期	797 坂上田村麻呂 征夷大将軍となり蝦夷征討(801) →桓武 802 胆沢城(岩手県)を築城し、鎮守府を移す 803 志波城(岩手県)築城 811 文室綿麻呂の蝦夷征討 →嵯峨

参考書的ノート

そのまま参考書になりそうな日本史のノート。カテゴリー分けやコピーの切り貼りがきいている

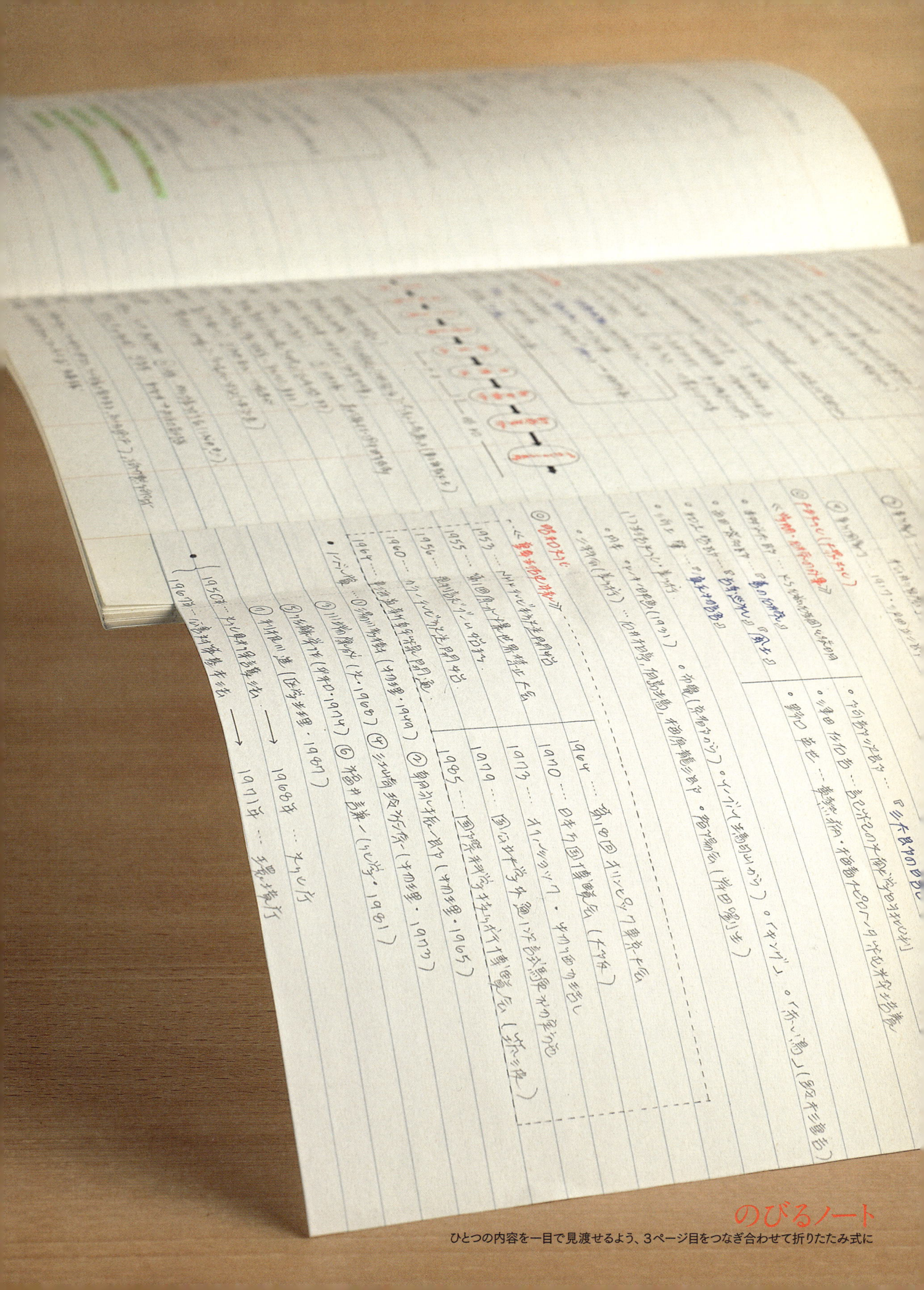

のびるノート

ひとつの内容を一目で見渡せるよう、3ページ目をつなぎ合わせて折りたたみ式に

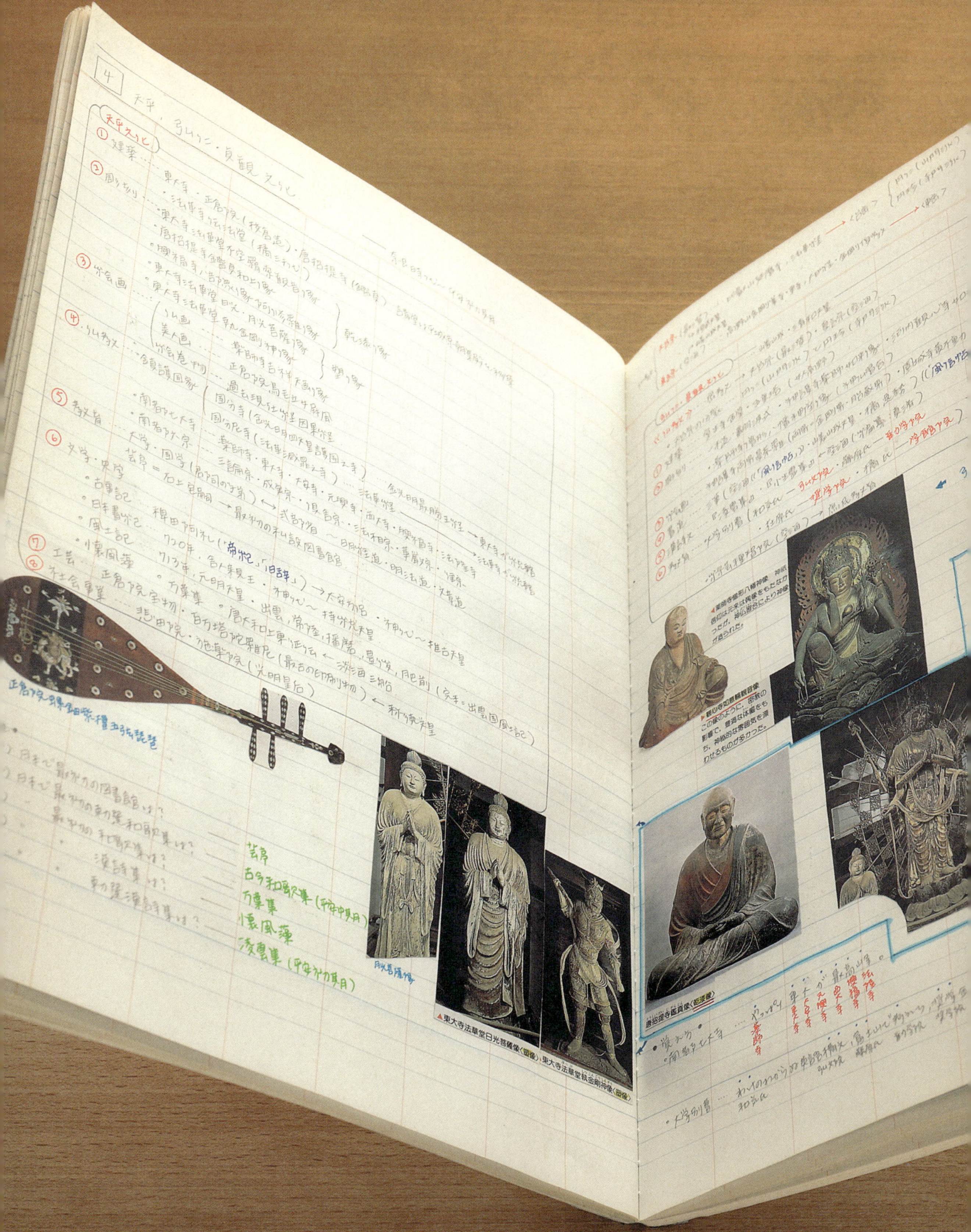

コラージュノート

姉ゆずりの資料集を活用し、カラー写真を貼り込んだ、とことん凝ったレイアウト

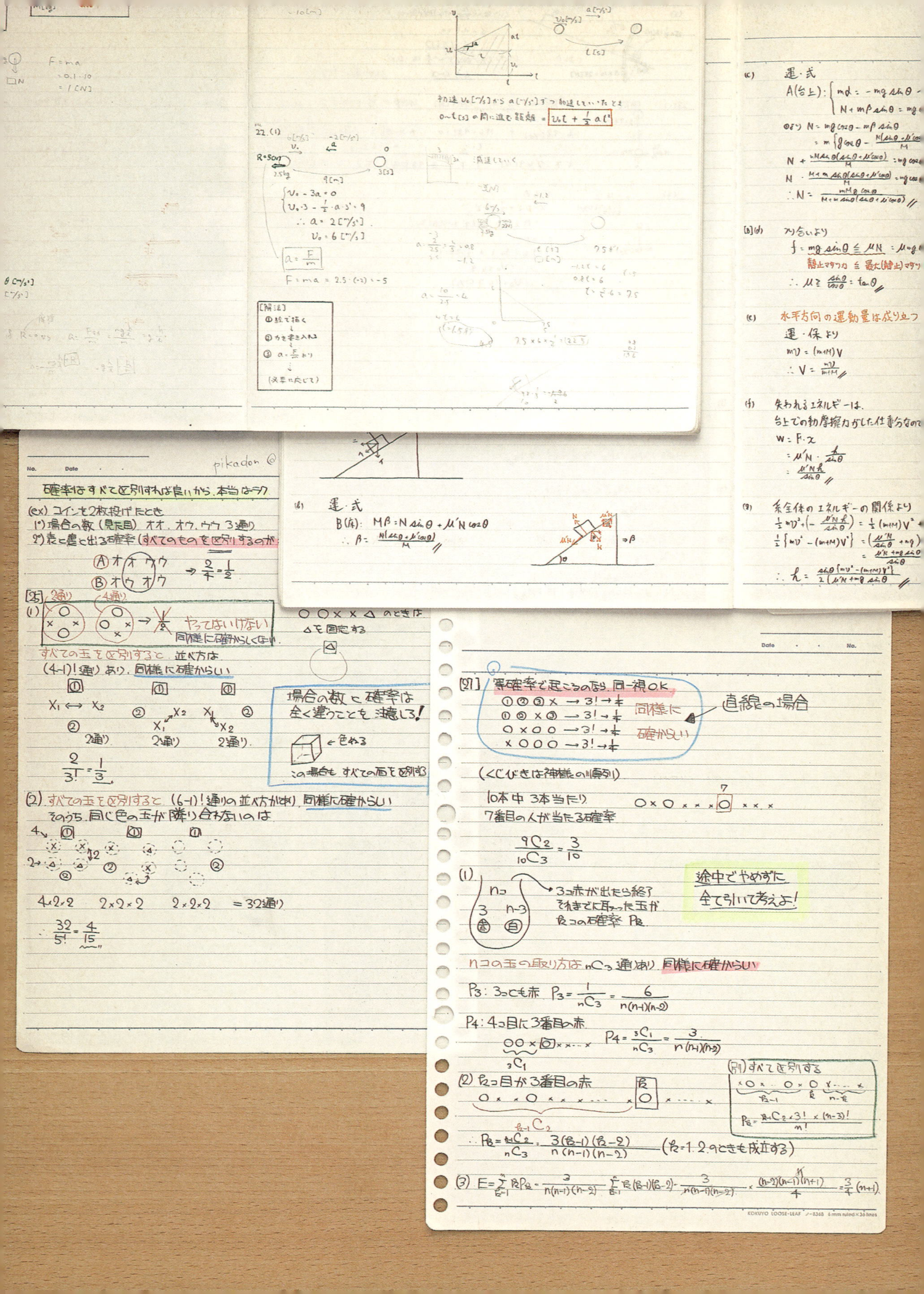
F=ma
初速 v₀[m/s] から a[m/s²] ずつ加速していったとき
0〜t[s] の間に進む距離 = v₀t + ½at²
22.(1)
a = F/m
F = ma = 2.5・(−2) = −5
[解法]
① 絵で描く
② 力を書き入れる
③ a = F/m より
(文章に注意して)
運・式
A(台上)
∴ N = mMg cosθ / (M + m sinθ(sinθ + μ'cosθ))
つり合いより
静止マサツ力 ≦ 最大(静止)マサツ
∴ μ ≧ sinθ/cosθ = tanθ
水平方向の運動量は成り立つ
運・保より
mv = (m+M)V
∴ V = mv/(m+M)
失われるエネルギーは、
台上での動摩擦力がした仕事分なので
W = F・x
系全体のエネルギーの関係より
運・式
B(台): Mβ = N sinθ + μ'N cosθ
∴ β = N(sinθ + μ'cosθ)/M
pikadon
確率はすべて区別すれば良いから、本当はラク
(ex) コインを2枚投げたとき
1°) 場合の数(見た目) オオ、オウ、ウウ 3通り
2°) 表と裏と出る確率(すべてのものを区別するのが)
Ⓐ オ オ ウ ウ
Ⓑ オ ウ オ ウ
→ 2/4 = 1/2
[25] (1)
やってはいけない
同様に確からしくない
すべての玉を区別すると、並べ方は
(4−1)!通りあり、同様に確からしい
2/3! = 1/3
○○××△ のときは
△を固定する
場合の数と確率は
全く違うことを注意しろ!
←色ぬる
この場合もすべての面を区別する
(2) すべての玉を区別すると (6−1)!通りの並べ方があり、同様に確からしい
そのうち、同じ色の玉が隣り合わないのは
4×2×2　2×2×2　2×2×2 = 32通り
∴ 32/5! = 4/15
[27] 等確率で起こるので、同一視OK
同様に確からしい
直線の場合
(くじびきは神様の順列)
10本中3本当たり
7番目の人が当たる確率
₉C₂/₁₀C₃ = 3/10
途中でやめずに全て引いて考えよ!
3コ赤が出たら終了
それまでに取った玉が
kコの確率 Pₖ
nコの玉の取り方は ₙC₃ 通りあり、同様に確からしい
P₃: 3コとも赤 P₃ = 1/ₙC₃ = 6/n(n−1)(n−2)
P₄: 4コ目に3番目の赤
P₄ = ₃C₁/ₙC₃ = 3/n(n−1)(n−2)
(2) kコ目が3番目の赤
(別) すべて区別する
∴ Pₖ = ₖ₋₁C₂/ₙC₃ = 3(k−1)(k−2)/n(n−1)(n−2) (k=1,2のときも成立する)
(3) E = ... = 3/4 (n+1)
KOKUYO LOOSE-LEAF

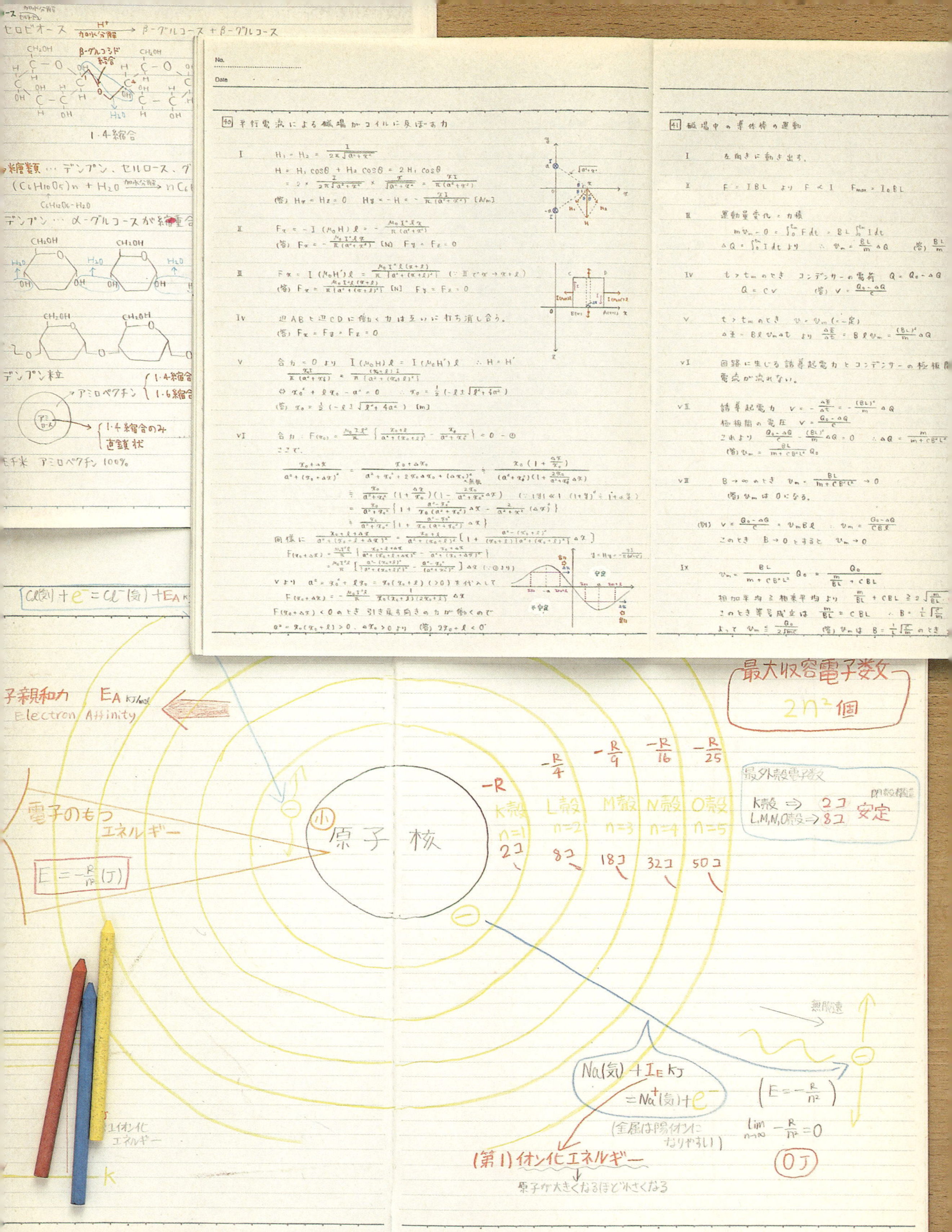

理系科目ノート

たっぷりの余白を活用しながら書き進めていった理系科目のノート

文系科目ノート

見直しやすいフォーマットに整然と書き込まれている文系科目のノート

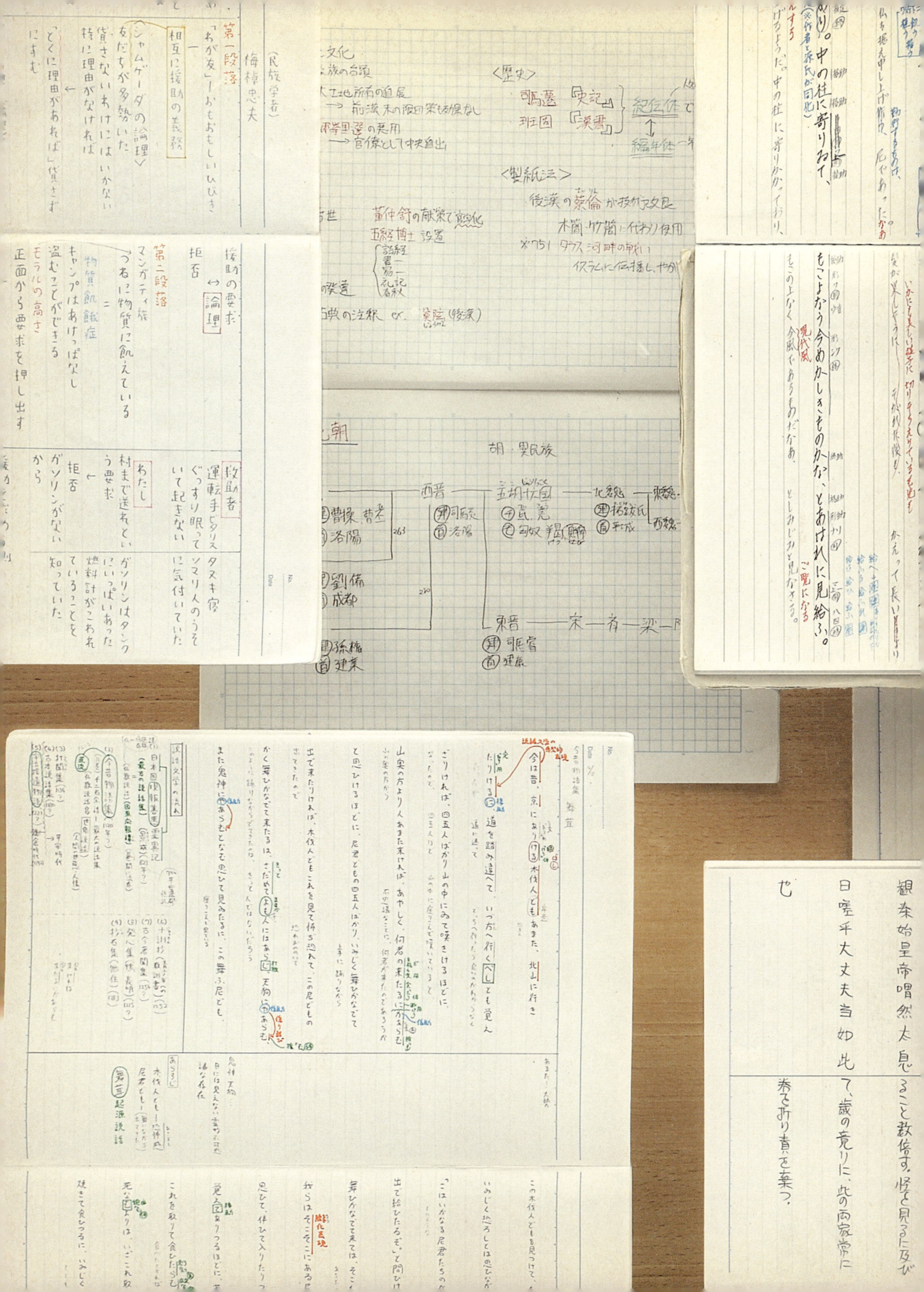

民族学者
梅棹忠夫
第一段落
「おが友」―おもしろいひびき
相互に援助の義務
第二段落
マンガーティ族
つねに物質に飢えている
物質飢餓症
救助者
〈歴史〉
司馬遷
史記
班固
漢書
紀伝体
編年体
〈製紙法〉
胡・異民族
西晋
東晋
今昔物語集
中の柱に寄りゐて、
もこよなう今めかしきものかな、とあはれに見給ふ。

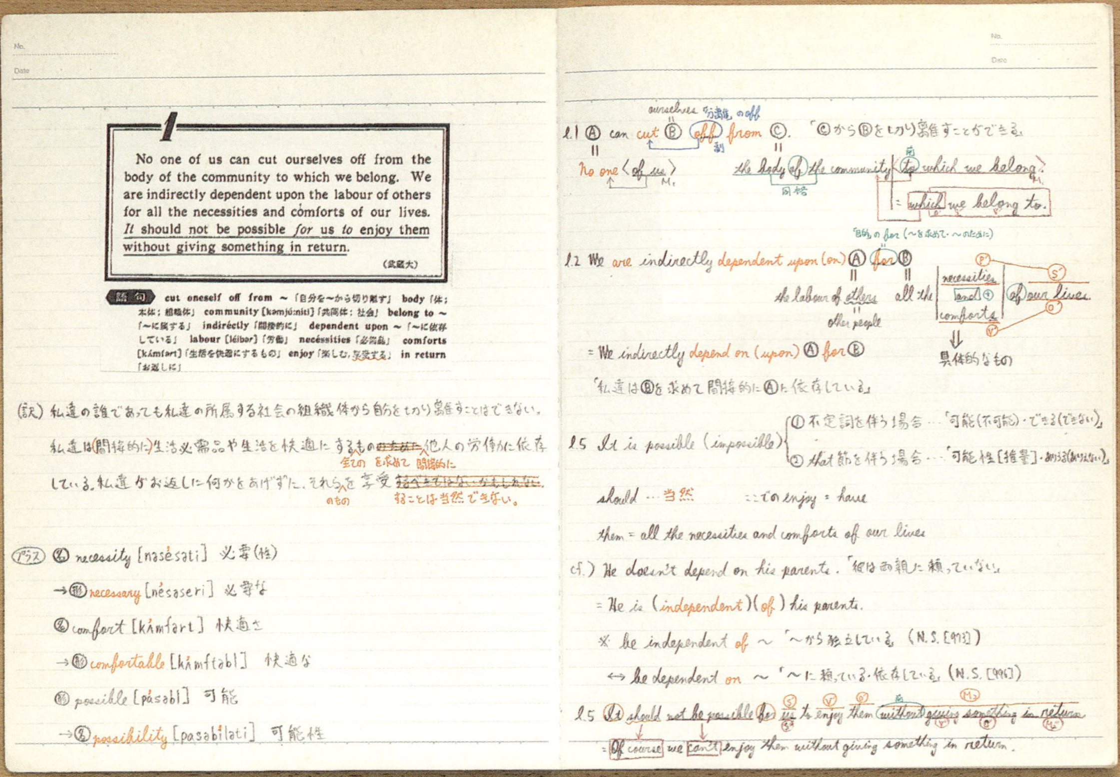

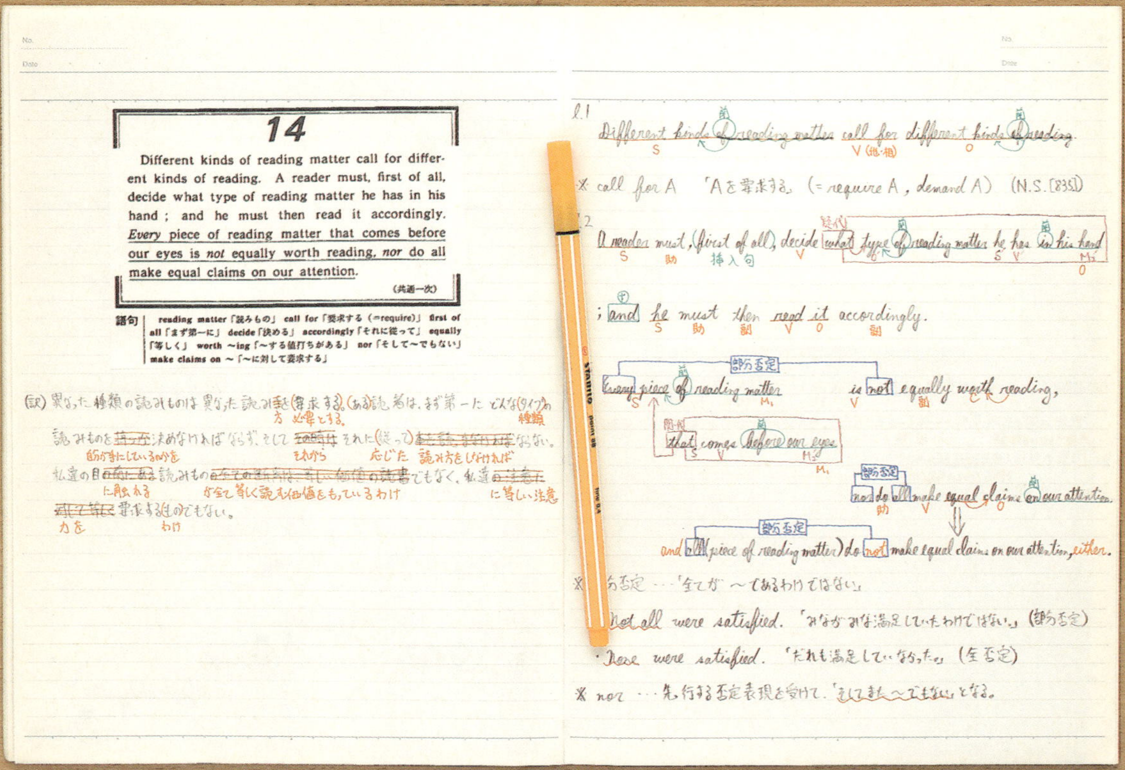

ノートの定点観測

1冊のノートからの4見開き。常に同じテンションで書かれていることがわかる

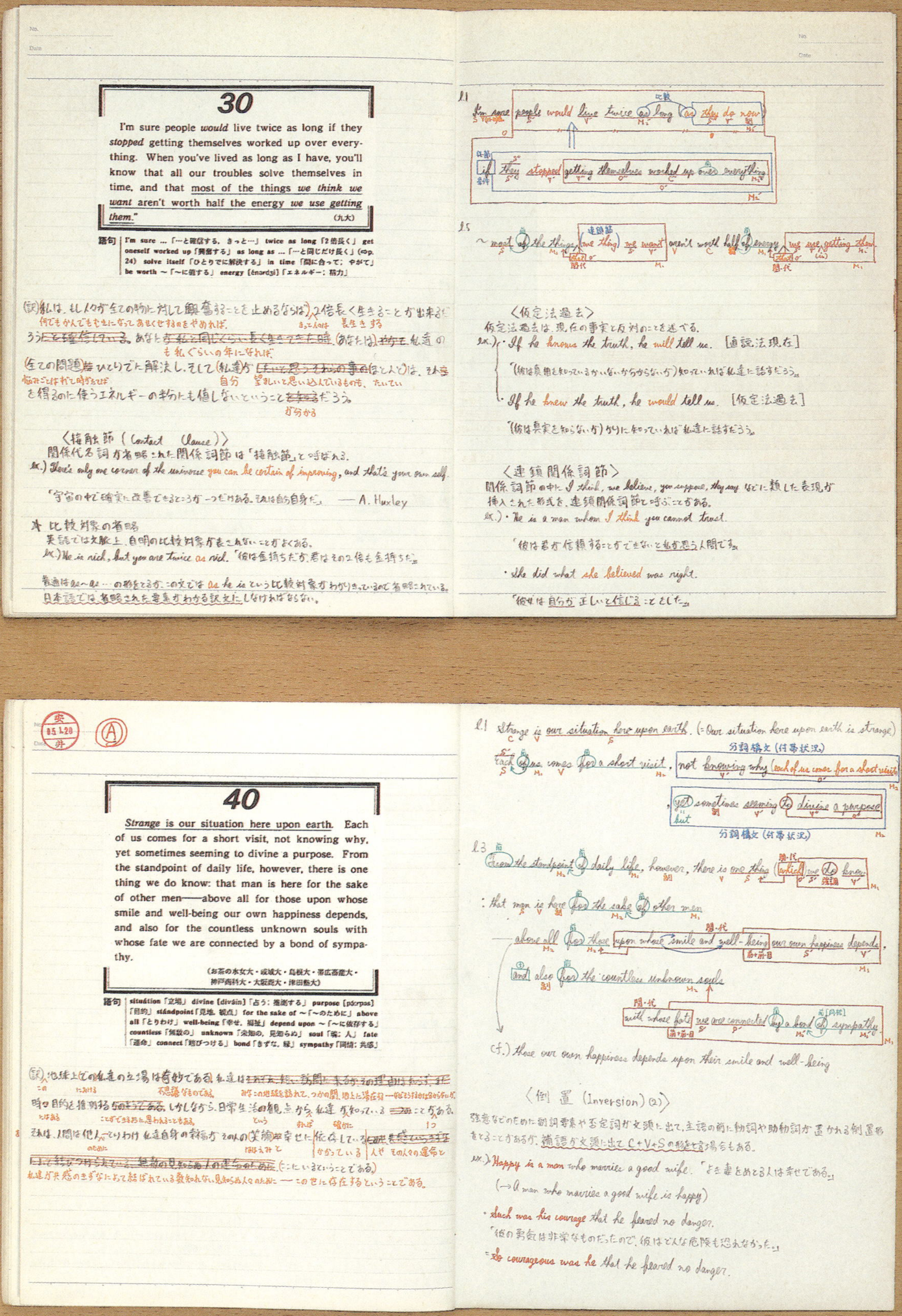
30
I'm sure people *would* live twice as long if they *stopped* getting themselves worked up over everything. When you've lived as long as I have, you'll know that all our troubles solve themselves in time, and that most of the things *we think we want* aren't worth half the energy *we use getting them*." (九大)
語句 I'm sure ...「…と確信する，きっと…」 twice as long「2倍長く」 get oneself worked up「興奮する」 as long as ...「…と同じだけ長く」(⇨p. 24) solve itself「ひとりでに解決する」 in time「間に合って；やがて」 be worth ～「～に値する」 energy [énərdʒi]「エネルギー；精力」
〈接触節 (Contact Clause)〉
〈仮定法過去〉
〈連鎖関係詞節〉
40
Strange is our situation here upon earth. Each of us comes for a short visit, not knowing why, yet sometimes seeming to divine a purpose. From the standpoint of daily life, however, there is one thing we do know: that man is here for the sake of other men——above all for those upon whose smile and well-being our own happiness depends, and also for the countless unknown souls with whose fate we are connected by a bond of sympathy.
(お茶の水女大・成城大・島根大・帯広畜産大・神戸商科大・大阪商大・津田塾大)
語句 situátion「立場」 divine [diváin]「占う；推測する」 purpose [pə́ːrpəs]「目的」 stándpoint「見地，観点」 for the sake of ～「～のために」 above all「とりわけ」 well-being「幸せ，福祉」 depend upon ～「～に依存する」 countless「無数の」 unknown「未知の，見知らぬ」 soul「魂；人」 fate「運命」 connect「結びつける」 bond「きずな，縁」 sympathy「同情；共感」
〈倒置 (Inversion)(2)〉

50年前のノート

半世紀近く前の「東大ノート」もやっぱり美しかった

インデックスノート

インデックスや目次をつけるひと手間で、復習はよりスムーズに

なぜ「東大ノート」は美しいのか

集まったノートは、1年前のものから半世紀前のものまで。自分で集めておきながら、受験時代のノートをみんなよくとってあったなと思う。「塾講師や家庭教師のバイトで使うから」とか「大学生になっても知識の確認をするから」とかいろいろ理由はあったけれど、でも、これだけ美しいと、処分する気になれないのも理解できる。

自分自身を振り返る。新学期、新しいノートを購入し気合を入れて授業に臨む。しかし、2週間、1ケ月と経つにつれいつの間にかテンションが下がり、最初の数ページだけきれいに書かれたノートが残ってしまう。仕方がないので、気持ちを入れ替えるためにまた新しいノートを買う。こんな経験を何度繰り返したことか。

「東大ノート」は違う。途中で投げ出したりせず、ノートの最初から最後まで同じテンションで書き綴(つづ)られている。ラインに合わせ整然と書かれた文字、参考書顔負けのレイアウト、手で描いたとは思えないくらい精巧な図——それはたまたま几帳面な人が書いたからではなく、どの東大ノートにも共通した特徴だった。

では具体的に、何が「迫力のある美しさ」のもとになっているのか。何が、「東大ノート」を東大ノートたらしめているのか。

じっくりひもといていくと、そこにはまさに、「東大ノート（とうだいのおと）」というキーワードで表される7つの法則が隠れていたのである。

東大ノートに共通する「7つの法則」

法則1 と とにかく文頭は揃える

東大ノートを開いてパッと目に入るのは、きれいに揃っている文頭の位置だ。

例えば社会のノート。やみくもにすべての内容を左端に揃えているというのではない。単元名などの大見出しはいちばん左端から書き、1~3文字分下げて小見出しを書く。さらに1~3文字下げて、内容の箇条書きを並べる。このように、種類に合わせて書き出しの位置を決め、何行にもわたる場合は文頭を揃える。このことにより、見た目に美しくなるだけでなく、書かれてある内容をきちんと区別することができるのだ。

文頭を揃えるということは、美しいノートを書くために最初にできるテクニックかもしれない。

法則2 う 写す必要がなければコピー

問題演習ノートでは問題部分を、地歴・公民など知識をまとめるノートでは地図や資・史料をコピーして貼っている。東大受験は、科目数が日本一。多くの科目を勉強するためには、ただコツコツ書いているばかりではいくら時間があっても足りない。むやみに書くのではなく、書く必要がないものはコピーをして貼ることで効率化をはかっているのだ。

法則3 だ 大胆に余白をとる

ノートは隅から隅までびっしり使うのではなく、余白をたっぷりと大胆にとっている人が多い。この余白は、ノートを見やすくするためだけではなく、授業中の教師の解説や復習の際に調べた知識など追加情報を書き込むためにとってある。それにより、知識の穴や弱点を補強し、理解を深めることができるのだ。

法則4

い

インデックスを活用

ノート一冊に情報を書き込むと、かなりの量になり、見直しに手間取る場面も出てくる。そこで、それぞれのページの左上などに、単元名などタイトルになる見出しをつけている。さらに、最初のページに目次を作成している人や、インデックスシールを使う人も多い。このことで、いちいち全部のページの内容をたどったりしなくても、必要な箇所をすぐに見つけることができるようになる。見出しと一緒に、内容に関連した教科書や参考書のページ数を一緒に書き込むことで、さらに、復習の際の検索機能は高まる。

法則5

の

ノートは区切りが肝心

日本史の一時代、数学の問題や英語の長文など、ある一つの事柄をまとめる際には、1ページ、もしくは1見開きで区切りよくまとめており、内容の途中から次のページにいってしまうことをとても嫌っている。そのお陰で、書き留めた知識の全体像を一目で見渡すことができ、あとあと体系的に確認をすることができる。なお、内容が多すぎて1ページや1見開きでは収まりきらない場合は、ルーズリーフやノートの切れ端などにあぶれた内容を書いて貼り、ページをまたがないように工夫している。

法則6

お

オリジナルのフォーマットを持つ

例えば、英語の予習ノートの場合。左ページに長文を書き、その下に調べた単語・熟語を書く。右ページには訳を書き、その下に授業での解説を書き込む。このように、東大合格生は、何をどこに書くのか、各自がいちばん使いやすいフォーマットを決めてノートをとっていた。このことで、予習の段階で書いたものなのか、授業中に書いた新しい知識なのか、さらには復習の際に追加したメモなのか、確認作業がやりやすくなる。

法則7

と

当然、丁寧に書いている

東大ノートは、めくってもめくっても筆圧が一定で、文字も同じテンションで書かれている。それは全問記述式で行われる東大の2次試験を見越し、採点者にとって見やすい答案とはどういうものなのかを想像し、「読みやすく書こう」と意識しているからだ。常に実際の試験のことを見据え、普段からノートを書いているのだ。しかし、時と場合によってはただ丁寧に書けばいいというわけではない。授業ノートの場合には、「時間内に情報量を確保し、見直すときの取りこぼしをできるだけ少なくするため」に必死で書く、という丁寧さもある。

以上が「7つの法則」である。（時間のある方は、この法則を踏まえて、もう一度傑作選をご覧ください。）もちろん、法則だけで東大ノートができているわけではない。集まったどの東大ノートからも、義務感にとらわれだらだらとノートを書くだけでは得られない、明らかにノートづくりを楽しんでいる様子がうかがえる。授業中もただ板書を写すだけではなく、何のためにノートをとるのかを考え、テスト前に復習するときにより頭に入ってきやすいようにという意識を働かせている。

「ノートづくりを通して、自ら何かを見つけようとする姿勢」。そこにこの7つの法則が活かされることで初めて、「迫力のある美しさ」をもつ東大ノートが生まれるのだ。そんなノートは、自分にとって必要な知識が一冊まるごと詰め込まれたオリジナルの参考書になる。

と、ここまで読んで、「所詮、もともと優秀だった人たちだから、そういうノートがつくれたんでしょ」なんて投げてしまわないように。彼らだって、最初から7つの法則を活用できていたわけではない。教師や友達からのノートづくりのアドバイスを素直に受け入れ、「どうしたら自分にとって勉強しやすいノートになるか」と試行錯誤していく中で、つくり方を身につけていったのだ。

そこで、次の第二章「東大生のノートをめぐる物語」では、どんな人が、このような「迫力のある美しい」東大ノートをつくってきたのか、彼ら自身に触れてみたい。そして、第三章「〝とうだいのおと〟の黄金ルール」では、実践編として東大生のノートを分析しながら、東大ノートのつくり方に迫っていきたいと思う。

とうだいのおと

東大ノート7つの法則

とうだいのおと

法則1

と

とにかく文頭は揃える

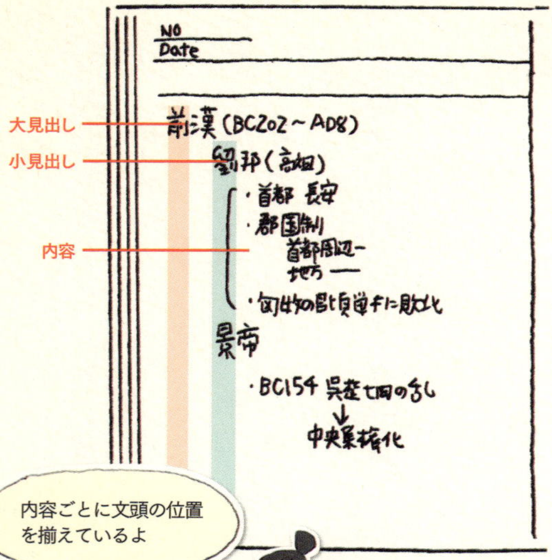

内容ごとに文頭の位置を揃えているよ

法則2

う

写す必要がなければコピー

ノートづくりの効率化だね

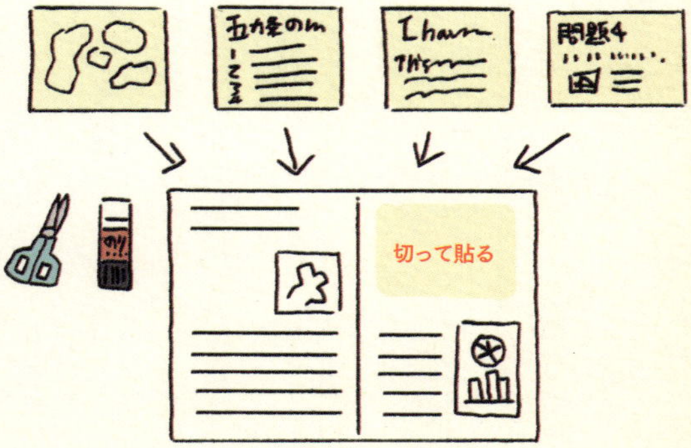

法則3

だ

大胆に余白をとる

あとでいろいろ書き込める余白！

例えば、数学のノートの場合

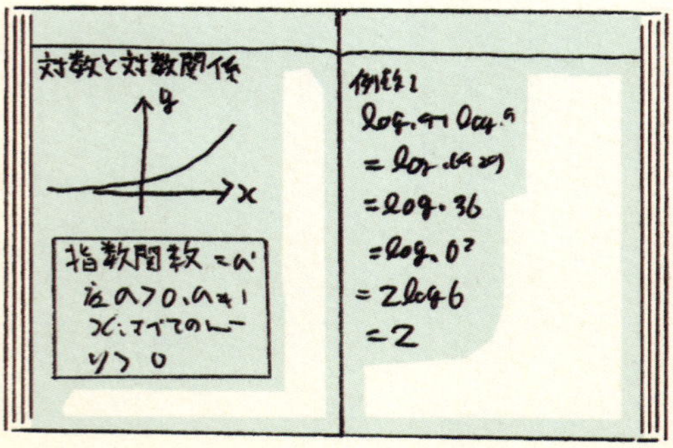

法則4

インデックスを活用

最初のページに目次を書いたり

インデックスシールを貼ったり

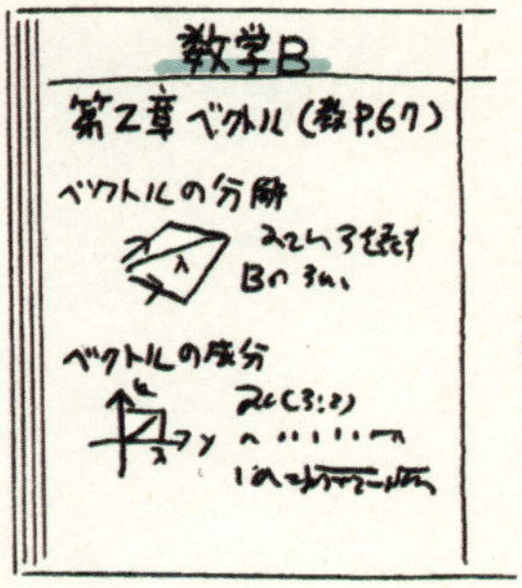

ノートの左上にタイトルをつけたり

見直しが楽になるね

法則5

ノートは区切りが肝心

書ききれない内容はノートの切れはしに書いて貼るんだね

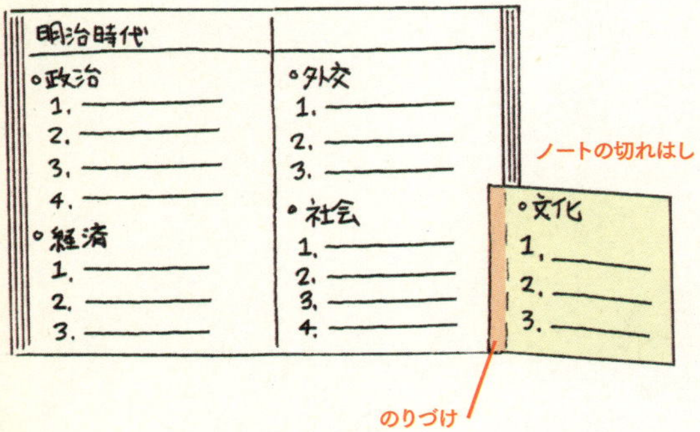

法則6

オリジナルのフォーマットを持つ

どこに何を書くかフォーマットが決まっているの

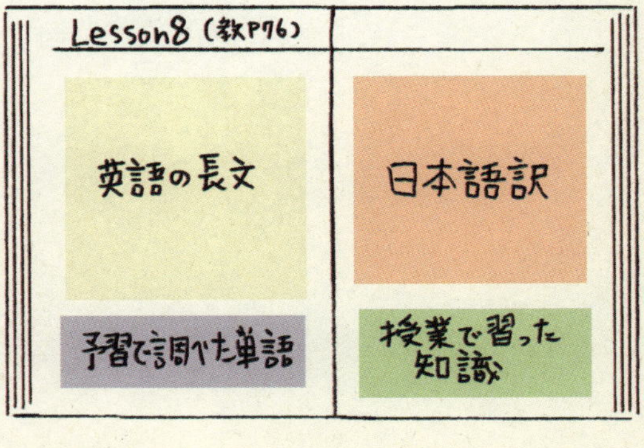

法則7

当然、丁寧に書いている

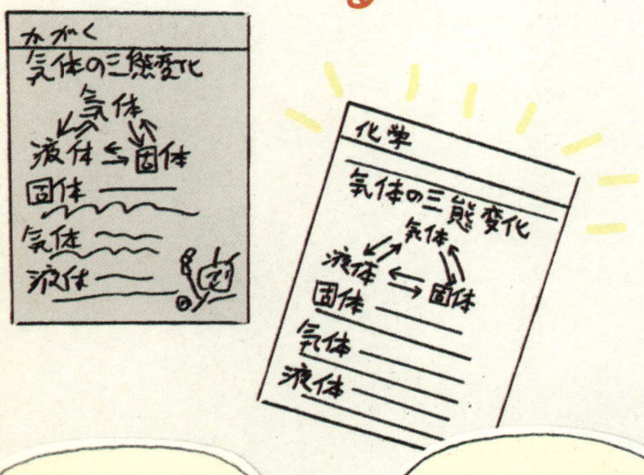

未来の自分に向けて書くつもりで
あとからみてもわかるように丁寧に書かないとね

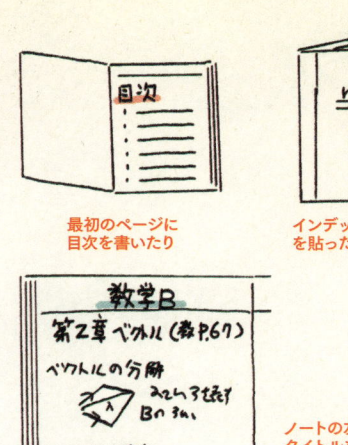

東大生のぞき見コラム❶

受験お守り図鑑

苦しい時の神だのみ

ノートづくりはちょっと休憩して、緊張が高まる受験当日、リラックスに一役かったという東大合格生たちの「マイ・お守り」を見せてもらおう。

いわゆる「お守り」の他にも「A判定の模試の結果」、「東大に入った先輩が旅先から送ってくれたビール瓶のフタ」、「浪人中に〝花が落ちて実がなる〟からと友達がつくってくれた落花生人形」、「ここ一番の高価な鉛筆」、「1年間つけてきた受験日記帖」、「幼なじみが誕生日にくれた指人形」、「空き時間の好きな文庫本」、「上京しよう！との決意で買った路線図」等、十人十色の支えがあった

第二章 東大生のノートをめぐる物語

こんな美しいノートを残しているのはどんな人たちなのだろう。どんな高校時代を過ごし、どんな家庭に育ったのだろう。有名私立、地方県立、浪人など、さまざまな環境から東大合格を果たした6人と1家族に話を聞いてみた。

東大生は語る 1

もともとノートづくりは苦手でした。

STORY AROUND
YUMU YAMAGUCHI
NOTEBOOKS

山口優夢 理学部地球惑星環境学科卒業

ある授業がきっかけで、ノートづくりに目覚めた山口くん。
知らず知らずのうちに東大合格への力を
身につけていくことになった彼のノート法とは？

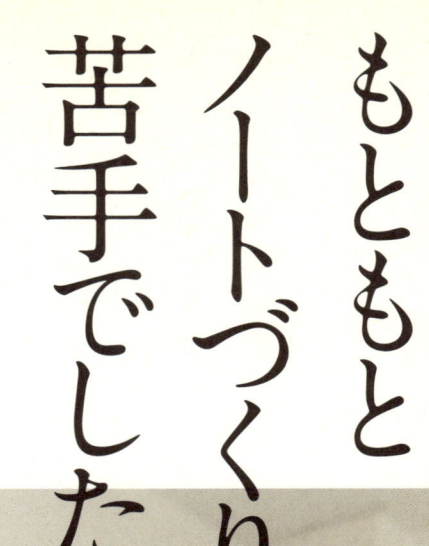

きっかけは生物の授業

夕立のごとくノートは字に埋もれ

　俳句甲子園で優勝経験を持つ山口くんの一句だ。彼のノートを開くと、一面ところ狭しと文字や図が並んでいる。色ペンや定規は一切使わず、囲みや印の飾りもない。一見地味に見えるノートだが、そこには、板書と教師の話がもれなく書き込まれている。急いで書かれたような文字からは、「授業のスピードについていこう」「一つももらさずに書き取ろう」という気迫が感じられる。

「いわゆる〝きれいなノート〟を書こうという気持ちはないんです。大事なことは、自分にとって頭に入りやすいノートであるかどうか。時間が経ってから見直すときに、授業の面白さを思い出すきっかけになればいいんです」

　もともと山口くんは、ノートづくりが苦手だった。新学期に新しいノートを買い、「きちんと活用するぞ」と思い板書だけは気合を入れ丁寧に写してみるものの、いまいち授業の内容がつかみきれていない。1週間もすると最初の決意はむなしく、丁寧に書こうという気持ちはどこかに消えてしまっているという具合。

　そんな山口くんが板書と教師の話をすべて書き留めるというスタイルになったのは、中3になってすぐの生物の授業がきっかけだった。話術が巧みな生物教師は、授業の内容を噛み砕いて説明してくれるだけでなく、雑談を交えながら新しい知識を次々に話してくれた。「この先生の話は面白いから書いておこう！」山口くんの知的好奇心に火がつき、板書に加え教師の話も夢中になってノートに書き連ねていった。同時に、いつも以上に授業の中身が頭の中でどんどん整理されていく感じに驚いた。

「今考えると、先生の話を書き込むことで、板書には書かれていなかった授業の流れが補強されたんだと思います。しかもこの授業が楽しかったから、あとでノートを見返したんですね。そしたら、もう一度授業を体験しているような感覚で、そのときの流れを思い出してすごく面白かった。その瞬間に、ノートはこう書けばいいんだとわかったんです」

　それ以来、山口くんは生物以外の授

生物の授業で使われたノート。「生物」とタイトルを書くところに「なまもの」などと書いている。ノートに対する愛着を感じる

高校3年時、運動会での思い出の一枚。勉強だけではなく、学校行事も満喫した

YUMU YAMAGUCHI

1985 東京都生まれ
小2から桐杏学園に通う。周りの雰囲気に流され中学受験をする。

1998 私立開成中学に合格
「開成に入ると東大」という風潮に、「東大だけが大学じゃない」という反発心があった。
部活は手品部、演劇部に所属。

2001 私立開成高等学校に進学
この頃から「東大だけが大学じゃない、ということは東大も大学なんだ」と東大を目指すことに。高校1年の時に俳句甲子園準優勝、3年で団体優勝を果たし、個人でも最優秀賞を受賞。それ以来、俳句は趣味となる。

2004 東京大学理科II類に合格
俳句のサークルに所属。また、小説も書くように。

2006 理学部地球惑星環境学科に進学
火星の地形の研究を行い、卒業論文を書いた。

2008 卒業、東大大学院理学系研究科修士課程に進学

観察
⇩
紡錘体(合)紡錘糸)

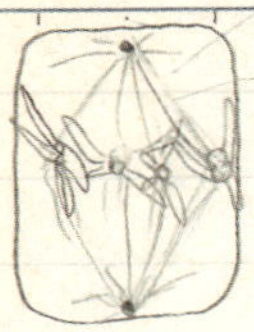

中期

染色体(の動原体)が
赤道面にならぶ。
植物→核膜の端が、紡錘糸、
紡錘体になると考えられる。
動物→中心体
動原体に、紡錘糸がくっつく。

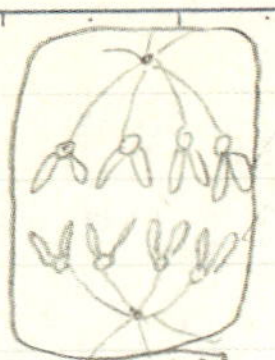

後期

全(同じ染色体が
両極へ向かう。
コロイド状の中を、
ゴヨゴヨのものが
動くので、くの字
形になる。

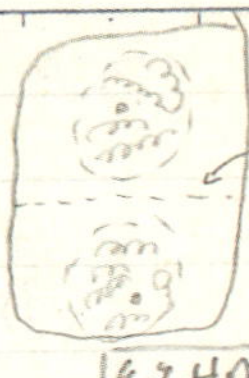

終期

核膜・核小体が
2つずつ現われ、染
色糸に戻った染色体
とともに、2つの核を
形成。このとき、細胞質分
裂が起こりはじめ、真ん中に
ペプチンが集まり、細胞板
になる。

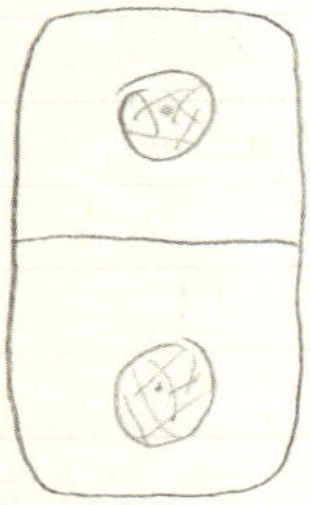

間期

細胞板にセルロースが
加わり、細胞壁になる。
2つの娘細胞

○動物→からだ中の細胞が少しずつ分裂
(例)白血球の培養

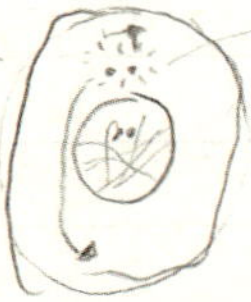

間期

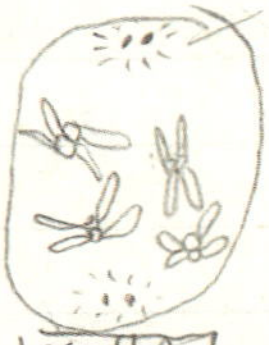

前期

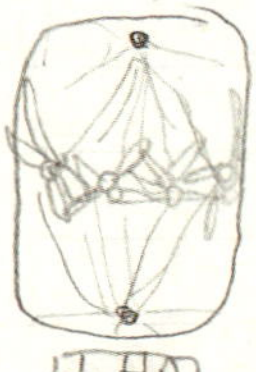

中期
紡錘糸がくっつく

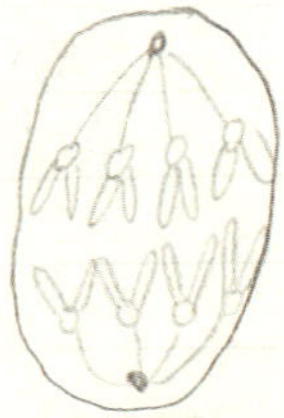

後期

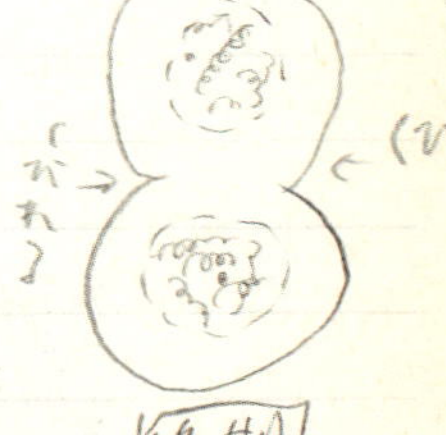

終期

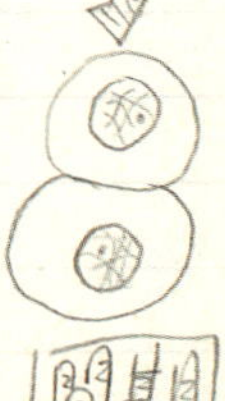

間期

※神経を除く、ほとんどの細胞で
分裂が起こっている。

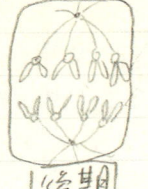

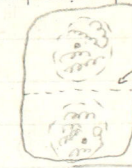

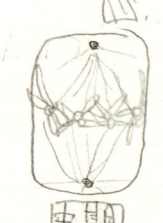

No.

Date

山口くんが高１のときに書いた生物のノート。
７つの法則の法則１ととと法則５のが活かされているよ

細胞分裂

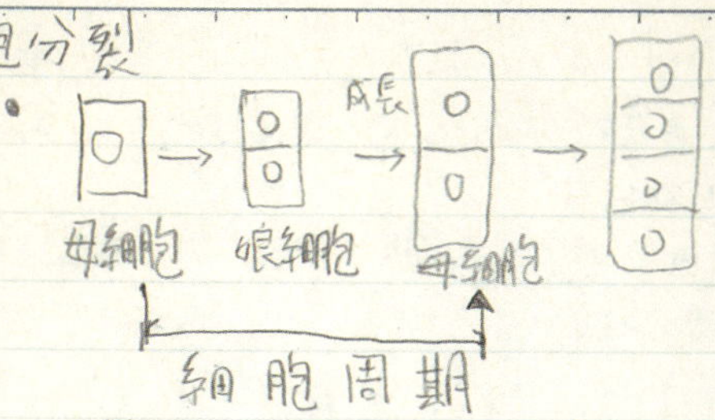

・核と細胞質は別々に分裂する。

核分裂 →
細胞質分裂 →　（時間的な経過）

A. 体細胞分裂

・植物 → 成長点と形成層でしか分裂していない。
→ 茎にどんなに光をあてたり、肥料をあげたりしても、大きくはならない。

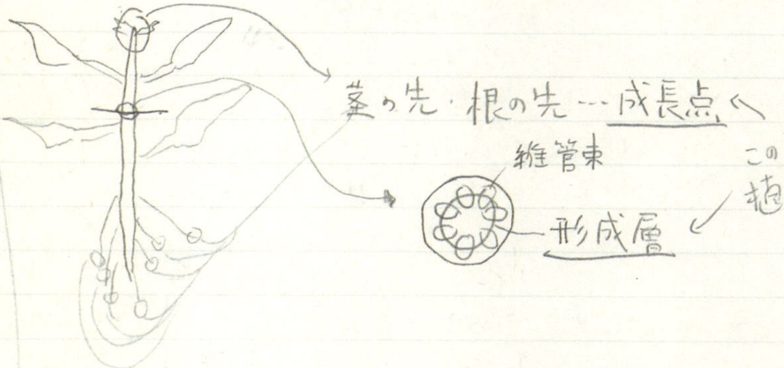

染色体は、実際はヒトの細胞1つに46こある

分裂像（教科書口絵①,②参照）

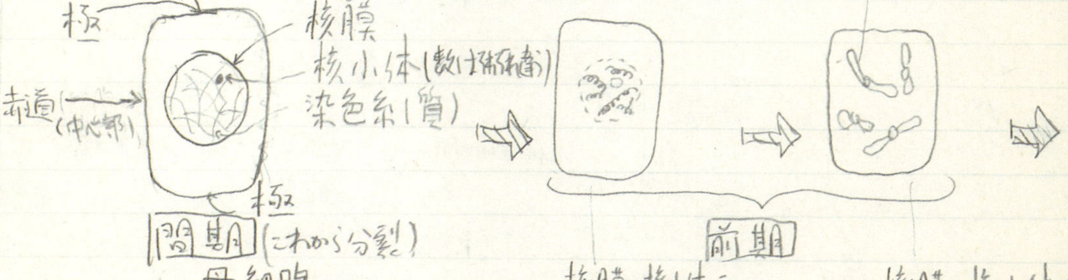

核膜・核小体がぼんやりして、染色糸がはっきりしてくる。

核膜・核小体が消える。染色糸が太く短くなり、染色体を形成（1つ1つの染色体は、全く別の遺伝子を伝えている）

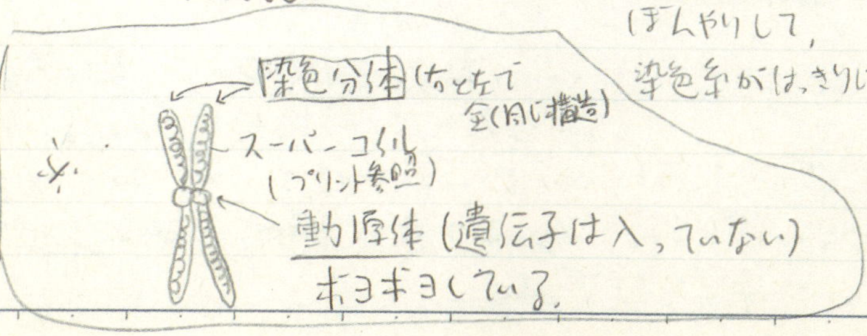

業ノートも、板書と教師の話をできるだけ逃さずに書き留めるというスタイルに変えていき、ノートの途中で挫折することはなくなった。

授業のストーリーを書き留める

「授業の中で、その先生しか言わないことがあるかもしれない。だからすべてを書き留めておきたいんです。自分が書いておかなかったせいで、頭に入ったはずの情報、知りたいと思った情報がノートから失われることは悲しいことだし、どうしても耐えられない。先生が口にしたことを拾い上げてノートに書き留めて残し、それで頭に知識が入るというこの方法は、僕の理想のノートのとり方なんです」と山口くんは語る。

　目先の成績のためにノートをとるのではなく、純粋な好奇心から一つでも多くのことを書き留めておきたいという、彼の強い思いが伝わってくる。

　とはいえ、授業時間内に板書と教師の話を完璧に近い形で書き留めるというのは大変な作業だ。そのために、彼はさまざまな工夫をしている。

　話の流れに乗り遅れないように、とにかく集中する。色ペンに持ち替えたり定規を使ったりする時間はロスになるため、シャープペンだけを動かし続ける。

　たいていの授業は、ポイントとなる事柄のみが黒板に箇条書きされ、それは教師の話によってつながり、1限分の大きなストーリーになる。限られた時間の中でそのストーリーをノートの上に再現していくために、山口くんはその箇条書きを小さな矢印でつないでいく。例えば、教師の言葉では〝そして〟や〝だから〟と表現された部分を矢印にする。これにより事柄同士の関係がすぐにつかめ、その場で授業が理解しやすくなるのはもちろんのこと、あとから見直したときにも、書かれている事柄からすぐにストーリーを組み立てられるのだ。

　さらに、東大の2次試験は記述式なので、頭に入っている知識から「自分なりのストーリー」を組み立てて解答しなくてはならない。山口くんは興味のおもむくままにとっていたノートのお陰で、知らず知らずのうちに、2次試験に役立つ力を身につけていたのだった。

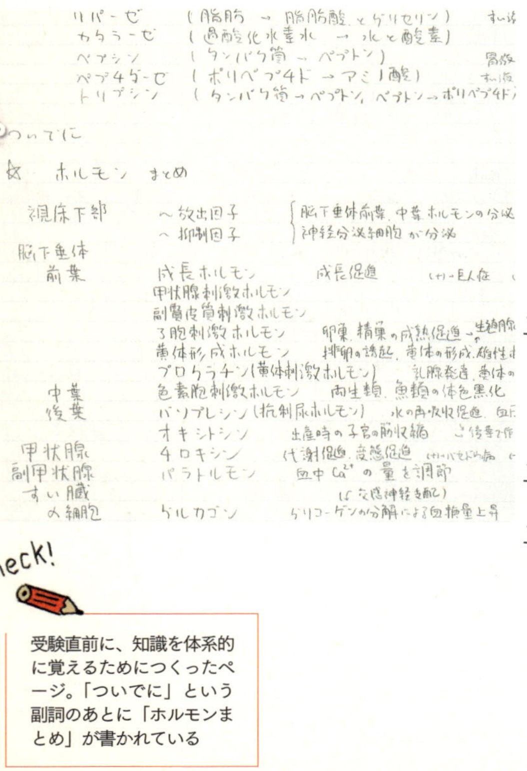

Check!

知識の断片を矢印でつないでいきながら書いている

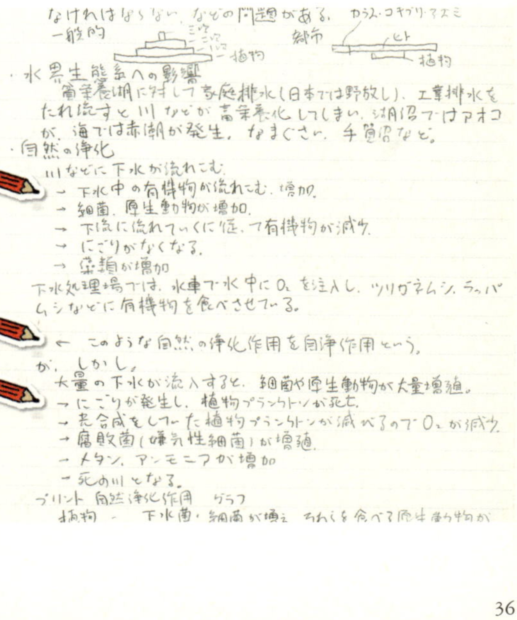

Check!

受験直前に、知識を体系的に覚えるためにつくったページ。「ついでに」という副詞のあとに「ホルモンまとめ」が書かれている

知的好奇心を満たすために

　山口くんのノートを見ていて、一点だけ気になるところがあった。センター試験にしろ、記述式の2次試験にしろ、様々な事柄を暗記する必要がある。そのために、多くの受験生は、重要事項や覚えるべき箇所にマーカーなどを引き、目立たせるという工夫をしている。しかし、山口くんのノートにはそういった形で知識を覚えようとした形跡が一切見当たらないのだ。一体どうしていたのだろう？　そのことを尋ねると驚いた顔をした。

「ほかの人はそうやって覚えているんですね。知りませんでした……」

　そして、しばらく考えてから、

「確かにこのノートは物事を理解するにはいいんですけど、受験直前になって手軽に見直したい、というときには面倒なんです。それでこんなページをつくりました」

　と、生物のノートのうしろのページを開いて見せてくれた。そこには、解いてみた過去問から出題されそうな問題だけを選び、教科書の解説をもとにまとめたものが書かれていた。

「でも、このページはあまり気に入っていないんですよね。〝見ていて楽しいノート〟じゃないから」

　受験のために必要にかられてつくった、知識の羅列だけでストーリーのないノートは、山口くんにとって無味乾燥なものなのだ。

「生物に限らず、歴史とかでも、単純に年号や事件を覚えることには興味がないですね。一つの物事に関して、AがBになってCになります、という流れがわかることがノートを書く醍醐味だと思っているんです」

　中学3年生のとき、新しい知識との出会いに興奮しノートに書き留めた。ノートに向き合う気持ちはその頃と変わらない。

　山口くんはずっと、知的好奇心を満たすために新しい知識との出会いをノートに書き続け、そして頭に入れてきた。

　思ひ出はノートの中の蟬時雨

（山口優夢）

　彼の東大合格は、ノートへの愛着がもたらした無欲の勝利ともいえるのだった。■

がむしゃらに書き続けるうち、
掌の脇が真っ黒になっていく

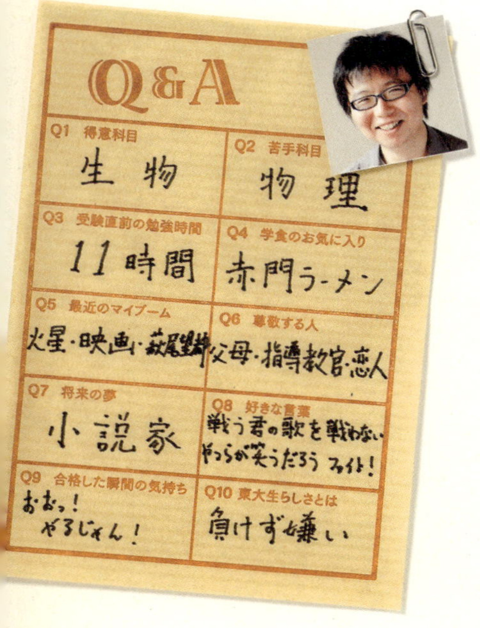
Q&A
Q1 得意科目
生物
Q2 苦手科目
物理
Q3 受験直前の勉強時間
11時間
Q4 学食のお気に入り
赤門ラーメン
Q5 最近のマイブーム
火星・映画・萩尾望都
Q6 尊敬する人
父母・指導教官・恋人
Q7 将来の夢
小説家
Q8 好きな言葉
戦う君の歌を戦わないやつらが笑うだろう ファイト!
Q9 合格した瞬間の気持ち
おおっ! やるじゃん!
Q10 東大生らしさとは
負けず嫌い

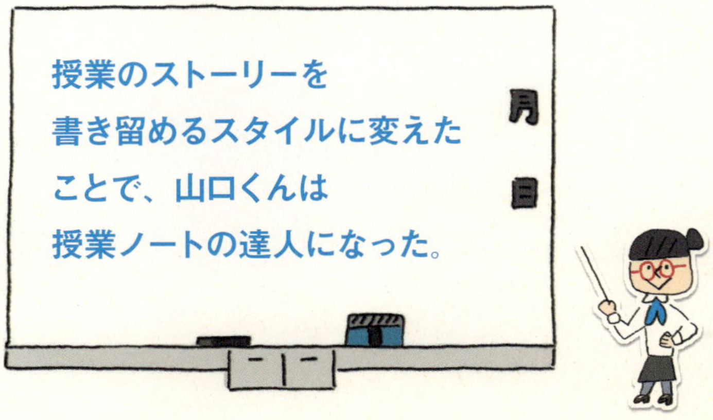
授業のストーリーを
書き留めるスタイルに変えた
ことで、山口くんは
授業ノートの達人になった。
月
日

東大生は語る②

ノートづくりで国語の偏差値50アップ！

STORY AROUND
SHIN ISHIDA
NOTEBOOKS

石田 慎

経済学部経営学科卒業

「浪人は楽しかったっすよ」と笑う石田くん。
一冊のノートが導いた、その後の
人生に影響を与えた「ものの見方」とは？

偏差値50UP現代文のノート

「国語の偏差値が突然50も上がったんです。急にずばぬけて、え！　って戸惑ったくらい。異常ですよね（笑）」

浪人になって3ヶ月目の模試で石田くんの国語の成績がはね上がった。現役時代、最後の模試での偏差値は30台。とにかく足を引っ張った。それがたった3ヶ月で偏差値は80、全国の浪人生の中で1位という成績に。どうしてそう驚異的に伸びたのか？　答えは、現代文のノートにあった。

石田くんは、国語、特に現代文が苦手だった。問題文が何を言おうとしているのか理解できない。設問には、とりあえず傍線部分の近くから言葉をひっぱってきて答える。他にどんな解き方も思い浮かばず、解けないから学校の授業も楽しくない。ノートをとることもおろそかになっていた。そして、東大入試は不合格……。

浪人生活が始まり、予備校で初めての現代文の講義。講師は黒板を書きながらこう言った。

「文章は読者が理解できるように論理的に書かれている。入試問題の現代文の話の展開にも、必ず論理のパターンがある。そのパターンを見つけるやり方さえ学べば、どんな文章でも大丈夫」

板書には、問題文が図式化されて描かれていた。まず、ひとつの問題文が、3つの意味段落に分けられている。3つの意味段落に分けるということは、問題文を3つの要素に分解するということ。さらに各段落の中身を解きほぐしていくと、段落同士の関係もわかってきて、結果的に文章全体はどういう流れで、何を言おうとしているのかが見えてくる――「3つ分けの法則」ともいえるこの方法で書かれた板書が、石田くんには目からウロコだった。

「文章はいろいろな要素から成り立ってるという〝構図〟が、視覚的に初めてわかったんです。それまで、文章って単にだらだら続いているだけみたいに見えてたんで、びっくりしました」

今まで自分が目にしてきた板書や勉強法とは何かが違う。この先生を信じてついていこうと石田くんは決めた。

「その問題文は、先生が意味段落に分けて板書して解説をしてくれてたから構図もわかったわけだけど、じゃあ実

3人兄弟の次男。高校時代も今も、仲の良い3人

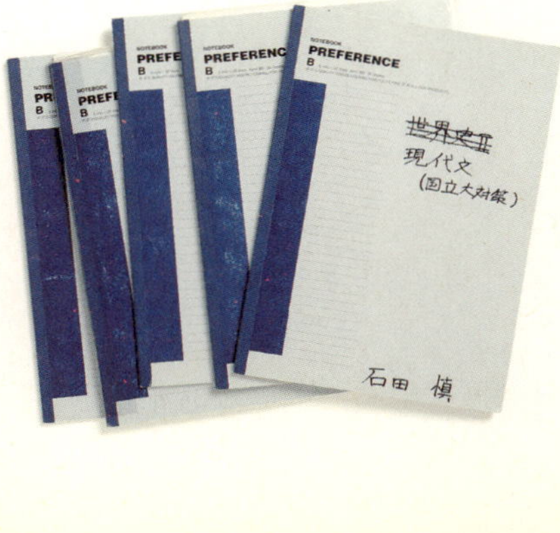

浪人時代のノート。母親が食べ物と一緒に寮へ送ってくれたものを使った

SHIN ISHIDA

1984 石川県生まれ
小2から「能力開発センター」に通い、小5から中学受験を目指す。

1997 金沢大学附属中学校に入学
「能力開発センター」と個人塾に通う。ハンドボール部で北信越大会に出場。

2000 金沢大学附属高等学校に進学
京大大学院出身の父親の「俺を超えていけ」の言葉を受け、東大受験を決意。個人塾に通う。ハンドボール部に所属。

2003 浪人
駿台予備校お茶の水校の寮に入り、充実した1年を過ごす。

2004 東京大学文科II類に合格
ハンドボール部に所属。2年から体育会系の部活をとりまとめる総務部の仕事にも携わる。

2006 経済学部経営学科に進学
ハンドボール部のキャプテンと総務部の仕事でハードな日々を過ごす。

2008 卒業、大手銀行に就職

No.

Date

(4) 唐 (618～907) 世界帝国

① 社会・文化

※ 3つの自由

1 宗教：唐は道教(老子の姓は李)を保護

信仰の自由…外来宗教の流行(ササン朝ペルシア経由)

- ネストリウス派キリスト教
  - ササン朝下のホスロー1世時代ジュンディーシャープールの学院で翻訳活動(ギリシア語文献)に従事
  - 635年阿羅本が唐に伝える
  - 781年長安に大秦景教流行中国碑が建立される
- ゾロアスター教(祆教)
- マニ教(摩尼教) → 中国人の信者(唐～清)のち明教と呼ばれる
  - ユダヤ教・キリスト教・仏教を融合(在家・出家など)
  - 占星術使用

◦イスラム教(回教)も流行

2 経済活動の自由：私貿易も可(関税率低い)

- 唐は広州に市舶司(貿易管理機関)が設置される
- 海上……アラブ人が活躍
- 陸上……ソグド人 〃

3 居住の自由(自治)

蕃坊……
- 外国人居住区
- 自治がある
- 蕃長(代表)を通して支配
- 間接統治

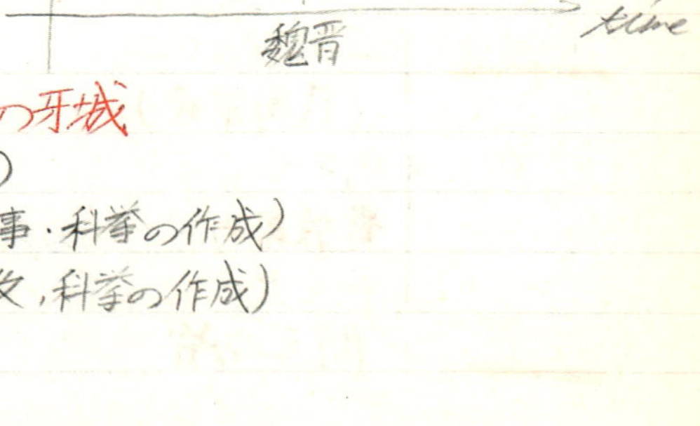

② 行政・制度

1 中央・官制

①唐…皇帝と貴族の合議制

三省
- 中書省…詔勅の起草 貴族の牙城
- 門下省… 〃 の審議(拒否権をもつ)
- ~~尚書省~~ 尚書省…六部が付属
  - 吏部(人事・科挙の作成)
  - 礼部(文教，科挙の作成)

②宋…君主独裁体制の成立

1 中書省が門下省を実質吸収

No.

Date

2 仏教(天台宗など)を保護
3 大土木事業…高句麗遠征の失敗
ツングース系(狩猟)

⇓

社会混乱の中で滅亡
- 弥勒教徒の乱
- 大乗教徒の乱

石田くんが浪人時代に書いた
世界史のノート。
７つの法則の法則１とと法
則３だが活かされているよ

(視点) 科挙の変遷(隋〜明)

①隋・唐

1 性格：九品中正 から 科挙
- 推薦制 / 他選制 → 応募制 / 自選制

2 内容；

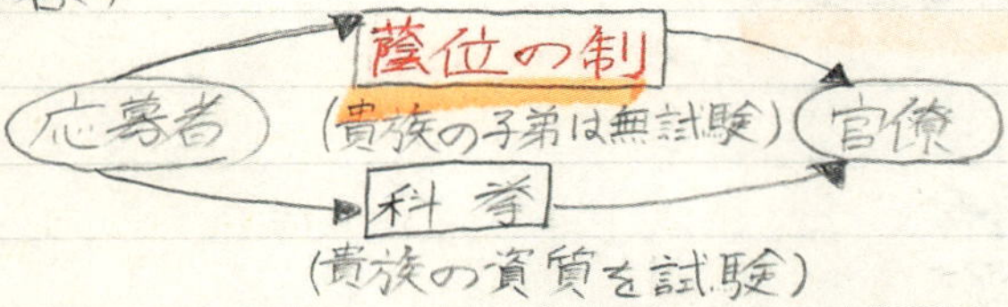
応募者
蔭位の制
(貴族の子弟は無試験)
官僚
科挙
(貴族の資質を試験)

3 結果：科挙は不徹底に終わる

②宋

1 性格；形勢戸(新興地主層)が官僚となる→官戸

2 内容；
- 進士科に一本化
- 吏部(人事権、貴族の牙城)から
官僚人事権を奪い、皇帝が人事権を掌握(殿試により)

3 結果
- 皇帝への忠誠心は強化される
- 君主独裁体制の成立

③元(モンゴル)

1 儒教を冷遇
2 科挙を一時停止

④明

1 内容：科挙を復活
- 科挙受験者は生員(大学の学生)に限定
ex) 倍率3000倍

2 結果
- 朱子学は科挙の学として社会に定着
- 学問・思想の固定化をまねく

際に初めての問題にあたったとき、自分で分けなきゃいけない。そのときにはどうしたらいいんだろうと思いました。何とかそのヒントを掴みたいって」

その手がかりは板書にあると感じ、石田くんはとにかく板書を忠実に書き写し、毎回講義が終わると、ノートを問題文と突き合わせながら読み続けた。それを繰り返すうちに、意味段落に分けるためのある目安に気づいたのだった。

「設問のために、問題文の中に引かれている傍線部分（漢字問題のための傍線は除く）は、それぞれの意味段落に大体ひとつだけ。つまり傍線部分の前後をひとつの塊、ひとつの意味段落とすればいいんじゃないか!?」

試しに自分の発見を使いながら、傍線部分を目安に問題文を3つの意味段落に分けてみるようになった。すると問題文の意味がすっと入ってくるようになり、設問にも答えられるようになっていった。その成果が偏差値50アップという形となって現れたのだ。ちなみに国語の成績は、その後入試までずっと下がることはなかった。

「現役時代からは考えられませんでしたね（笑）。それで、現代文の問題文だけじゃなくて、何か理解したいことがあったら、なんでも、それを構成している要素に分解していったらいいんじゃないかって思うようになったんですよ。他の教科にも〝3つ分けの法則〟を試してみたくなって、世界史のノートも変わっていきました」

世界史の講義1コマ分も、現代文の問題文と同じようにいくつかの要素から組み立てられている。それを意識しながらノートにとることで、以前の現代文のように、だらだらと書き連ねているだけだった世界史ノートも整理されていった。

「3つ分けといっても、別に必ずきっちり3つじゃなくてもいいんですよ」

例えば、中国の古代王朝、唐の時代を学んだ日のページを見てみよう（40ページ参照）。ノートの一番上に書かれたタイトル、「(4)唐（618〜907）世界帝国」。これが講義内容のテーマになる。そして、唐について学ぶべきことは、大きく「①社会・文化」と「②行政・制度」の2つに分けられる。「①社会・文化」に関しては、「1　信仰の自由」「2　経済活動の自由」「3　居住の自由」の3つに分けられる。さらに「信仰の自由」に関しても「ネストリウス派キリスト教」「ゾロアスター教」「マニ教」と、どんどん詳細な内容に分解されている。

文章を意味段落に、さらにその中の細かな内容へと分けられていくように、授業の中身も、大きいところから小さいところへと展開されていくことが、話を聞きながらにして見えてくるようになった。学ぶべき内容がどんどん分解されていき、

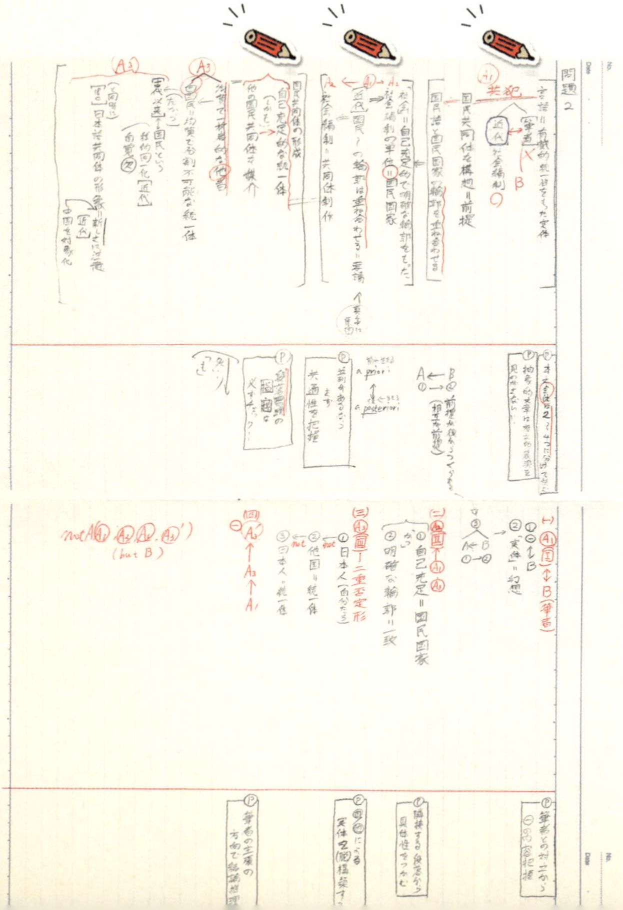

Check!

予備校の現代文のノート。文章が意味段落ごとに分けられ、それぞれの段落のキーセンテンスが抜き出されて因果関係が書かれている

スムーズに理解できた。

こうしてノートのとり方が意識的になると、大見出し、小見出し、その内容の箇条書きの部分がそれぞれわかるよう、文頭の位置も変えていき、必要であれば、同じ内容のものは囲みをつけ、グループ分けが明確になるようにしていった。

「物事を分けながら書こうと意識することで、知識が頭に入りやすかった。さすがに偏差値は国語ほど劇的に変わったわけじゃないんですけど（笑）」と当時を振り返る。

大学で考えをさらに磨く

大学生になった石田くんが知った効果的なプレゼン法は、「わかりやすくものごとを伝えるためには、ポイントを3つに分けて話す」ということだった。

「そのとき、ようやく自分の考え方に確信がもてました。〝3つ分け〟は勉強に使っただけで終わりじゃなくて、なんだ、何にでも使えるじゃんって」

部長を務めるハンドボール部の練習に、講義にと忙しく過ごす石田くんの学生生活の中でも、この力は活きた。

あるとき、忙しさから前日まで手つかずだったレポート課題があった。単位のかかっている重要なレポートだが、期限までに仕上げるには、一晩で300ページほどの文献を読まなくてはならない。石田くんは「3つ分けの法則」をここでも使った。文献の目次を見て、目次の文言から内容を3つに区切る。そうするとどこに何が書いてあるかという見当がつき、レポートに必要な部分だけを抜粋して読めばよかった。こうして短時間でレポートを仕上げることができたのだ。

「もちろん、単位もちゃんともらえました。別にこの考え方は楽するためのテクニックだって言いたいわけじゃないですよ（笑）。人に何かを伝えるときにもすごく有効なんです。最初は現代文を克服するためにノートをとってたらわかった受験テクニックだったけど、社会人になった今では、仕事にもすごく役立ってます。同じ現代文の講義を受けてノートを書いていても、何も気づかなかった人もいたと思うんです。でも僕は、浪人したお陰で生きるための力を得たような感じですね」

石田くんの現代文のノートは、人生をも変えたノートなのだ。■

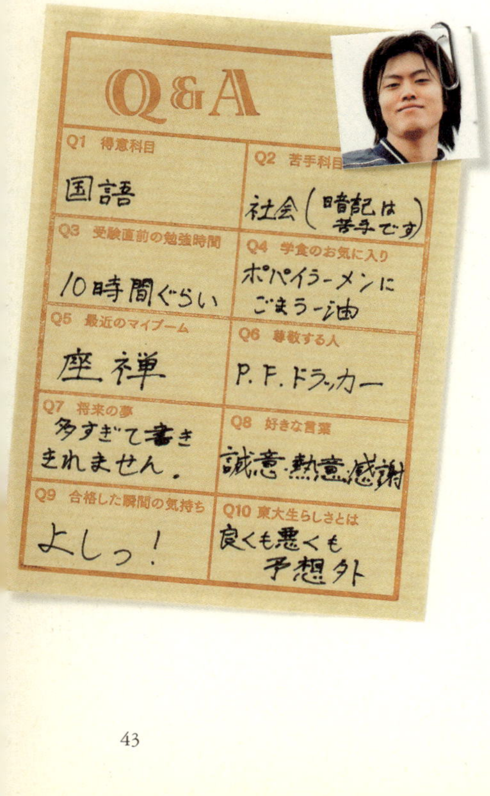
Q&A
Q1 得意科目
国語
Q2 苦手科目
社会（暗記は苦手です）
Q3 受験直前の勉強時間
10時間ぐらい
Q4 学食のお気に入り
ポパイラーメンにごまラー油
Q5 最近のマイブーム
座禅
Q6 尊敬する人
P.F.ドラッカー
Q7 将来の夢
多すぎて書ききれません。
Q8 好きな言葉
誠意・熱意・感謝
Q9 合格した瞬間の気持ち
よしっ！
Q10 東大生らしさとは
良くも悪くも予想外

この2本を駆使してノートをとっていた

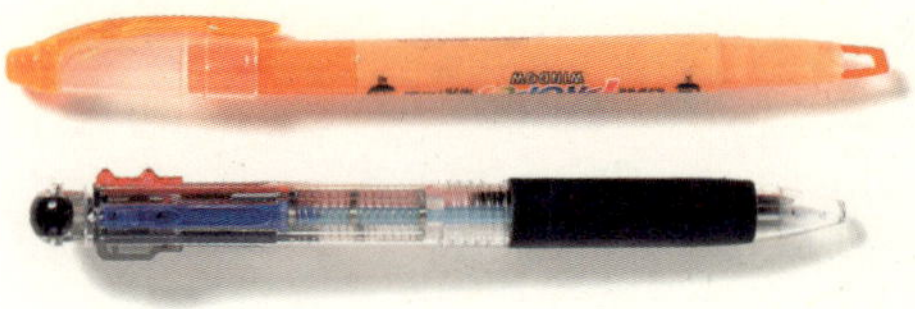

現代文のノートで学んだ
〝3つ分けの法則〟は
受験を超え、その後の
人生にも役立っている。
月
日

東大生は語る③

まとめノートをつくることが効率的です。

STORY AROUND
SAORI YOKOYAMA
NOTEBOOKS

横山沙織 文学部行動文化学科４年

時間がかかるまとめノートを丁寧につくり込み
一浪を経て合格した横山さん。
自分への甘えを断ち切る方法がここにある！

まとめノートで東大合格

中学生のときからずっと、テスト勉強とは、まとめノートをつくることだった。横山さんは、定期テスト前になるとかならず、授業ノートや教科書を見ながら、テスト範囲の知識を整理しノートにまとめた。そうすることがいちばんはかどるやり方だった。そんな横山さんから手渡された受験時代のノート。予備校の講義をまとめ直したノート、センター試験に出題される知識だけをまとめた生物のノート。そして、模試で間違えた問題と解答をまとめたノート。どれも、繊細な文字がバランス良く並ぶ「まとめノート」だった。

確かに範囲の決まっている定期テストには、まとめノートは有効だったかもしれない。しかし、膨大な知識を覚えなくてはいけない大学受験、それも科目数の多い東大受験において、時間のかかるまとめノートづくりは非効率なのではないか？　まとめノートをつくることが、なぜ東大合格につながったのだろう？

まずは、横山さんが高校3年生だった3月10日に遡る。場所は東大本郷キャンパス、合格発表掲示板前。合格者が喜びの声を上げ、次々と胴上げをされていく中、彼女は自分の受験番号がない掲示板を見つめていた。家に帰ると届いていた一通の封筒。不合格通知だった。そこには受験者の成績が記されてあり、横山さんはDランク。ギリギリで落ちたのではない。まったく力が及ばなかったのだ。

横山さんは浪人を決意し、その通知を机の前に貼った。そして、何が足りなかったのかを考えた。中学受験や定期テストなどの成功体験から東大受験もなんとかなるだろうと、力のついていない自分を直視できていなかった。プライドは捨てよう。絶対に自分の弱点から目を背けないと誓った。

4月。横山さんは予備校に通い始めた。もともと授業は真面目に聞き、ノートはしっかりとっていたものの、そのことで理解した気になっていたことに気づいた。そこで、英語の文法の講義後、重要事項や理解があいまいな部分だけを取り出して

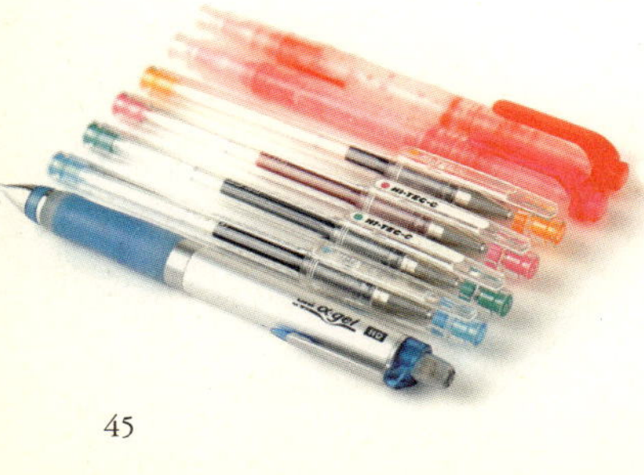

浪人時代に作成したまとめノート。生物や模試のまとめノートは、持ち運びやすいようにサイズは小さめ。「文房具は好きなものに囲まれていたい」と、デザインも重視して選んでいる

SAORI YOKOYAMA

1985 東京生まれ
小3の終わりから四谷大塚に通う。その後TAPに変え、中学受験の勉強を始める。わからない問題を理解していくことが面白かった。

1998 雙葉中学校入学
まとめノートをつくりながら勉強をしていた。演劇部に所属。

2001 雙葉高等学校に進学
演劇部では、高2で初めて主役級の役に挑戦。英語は永田塾、国語は鶏鳴学園、その他はZ会「東大マスターコース」に通う。

2004 浪人
河合塾駒場校に通い、英語は引き続き永田塾に通う。予備校の友達と励ましあいながら成績を上げた。

2005 東京大学文科III類に合格
大学ではオーケストラサークルに所属。東大生とOBが語り合う会を主宰するグループにも参加。

2007 文学部行動文化学科に進学

No.

Date

(3) モノカルチャー経済が工業化を遅らせる原因の1つである理由

解答例

異常気象による生産量の変動や好不況の影響で、一次産品の市場価格が不安定なことに加え、商品作物を優先したため食糧生産が人口増加に追いつかず、食糧輸入に外貨が使われてしまうことに因る。

☆モノカルチャー経済

ある国の輸出構造が単一またはごく少数の一次産品に偏る傾向を示す場合に用いられる)

例) コートジボワール：カカオ豆，コーヒー豆

↓

☆モノカルチャーがもたらす問題

- 農産物の場合、干ばつや大雨といった異常気象によって生　　　が大きく、それがそのまま外貨収入の変動につながる。
- 国際市場の影響が大きく外貨収入を左右する
- 輸入国(主に先進国)の好不況によっても需要が変動してしまう。

- 医療の発達や公衆衛生の改善などによって進行する　　　が　　　を招き、食糧の　　　が増大している。
- こうした食糧需要の増大に対して、外貨獲　を優先した商品作物生産が行われているため、食糧生産は後手に回り不十分となってしまう。そのため、商品作物栽培によって獲得した外貨を食糧輸入に回さざるを得ない。

- さらに、工業化が進んでいないため工業製品は輸入に頼らざるを得ない。

⇒ 外貨収入は工業化の資金に回すことができなくなってしまう。

第2問 ＜様々な国の輸出品目＞

設問A

(1) ポーランド・ハンガリーの輸出額の伸びが小さく、貿易品目の変化も少ない理由

解答例

ソ連中心の国際分業の下で、工業化が進み工業製品を輸出していたが、計画経済から市場経済への転換に伴い経済混乱が続いたため。

No.

Date

2005年 入試対策　11月第2回 オープン

地理

第1問 <アフリカ地誌>

設問A (1) 夏季にナイル川下流域で降水がみられない理由と、ナイル川の流量が最大になる理由

解答例

ナイル川下流地域は夏季に亜熱帯高圧帯の影響下で乾燥するが、上流は夏季に赤道低圧帯の影響で多雨となるため。

(2) アスワンハイダム建設によって農業生産上で起こった問題点。

解答例

ダムにより灌漑用水が確保されたが、蒸発に伴い塩類が地表に集積したため地力が低下し、工芸作物の綿花の生産が減少した。

☆アスワンハイダム建設によって起こった問題
- 肥沃な土壌が供給されなくなり、農業生産が停滞し
- 耕地での塩類集積
- 運搬土砂量の減少による河口付近での海岸線の後退
- 沿岸漁業の不振
- 灌漑用水路に生息する貝類に寄生する寄生虫による風土病の蔓延

「東大模試」の復習・反省ノート。法則4いと法則5のと法則7とがきいてるね。赤シートも使えるよ

設問B

(2) モロッコとコートジボワールの人種・公用語の相違点と航空便数が多い背景

解答例 (M=モロッコ　C=コートジボワール)

Mは白人が多く公用語はアラビア語で、Cは黒人が多く公用語はフランス語だが、ともに旧仏領で植民地時代から関係が深いため。

《北アフリカ》
- 主にコーカソイド(白色人種)からなり、言語はアフリカ・アジア語族(セム・ハム語族)に属し、イスラム教が信仰されている。
  ↳ 西アジアとの共通点が指摘されることが多い

《中南アフリカ》
- 主にネグロイド(黒色人種)からなり、言語はバンツー・スーダン語族に属し、宗教は宗主国がもたらしたキリスト教が見られる。
- しかし、多くは複雑に分布する各民族が固有の原始宗教(アニミズム)を持ち、それを信仰しているため、中南アフリカの文化的特徴を一括りに説明するのは難しい。

→ このように複雑さと、宗主国によってひかれた直線的な人為的国境が、しばしば民族間の紛争や内戦の原因となり、中南アフリカは政治的に不安定で経済発展が進まない地域となっている。

復習のためにまとめノートをつくり、不安な部分はしっかりと理解できるまで噛み砕いて書いていった。このことで抜けていた知識が把握できるようになったため、やるべきことが明確になり、優先順位をつけて勉強ができるようになった。

ノートをつくるようになり、夏前の模試では現役よりもはるかにいい成績をとることができた。しかし、机の前の不合格通知を見つめ、「浮かれるな。私のスタートはここから」と自分を戒めた。横山さんは、弱点をより深く見つめるために、さらなるまとめノートをつくり始めた。

効率を追求したまとめノート

8月。横山さんは大手各予備校が実施する、通称「東大模試」を受けた。東大志願者向けに2次試験の傾向や難易度を分析し作成した予想問題をもとに、本番さながらに行われるものだ。この模試の結果が戻ってくるとすぐに、横山さんは復習のためにまとめノートをつくり始めた。全科目の間違えた問題と解答を書き出し、なぜ間違えたのか、足りない知識は何かを細かく分析していった。抜けていた知識はピンク色のペンで書き、のちに赤シートで隠しながら確認できるよう工夫をした。ここまでなら、横山さんにとってはいつも通りのまとめノート。しかし、東大に合格したいという強い意志が、復習の最後に、試験の受け方や解答の仕方に関する反省点を綴らせたのだ。

「やみくもに書くのではなく、問題文をきちんと読みとく」（世界史）

「指定語句に絶対に下線を引く!!」（地理）

「熟語を地道に覚える」（英語）

まるで教師からの厳しい指導のようなコメントだ。

「やっぱり弱みに目を向けることは嫌だったけど、状態や気持ちを客観的に記録することで、冷静になろうとしていました。同じ失敗は繰り返すまいという思いからですね」

模試の結果が決して悪かったわけではない。合格圏内の成績はとっていた。しかし、現役時代の教訓から油断してしまうことを恐れ、ただひたすら弱点を記録し、徹底的に改善しようとしていたのだった。

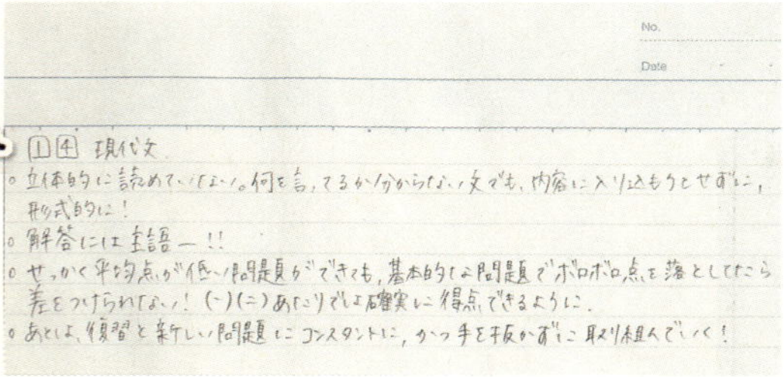

Check!

現代文の反省文。なぜ間違えたのか、どこで点をとらないといけないのか、冷静に自己分析が行われている

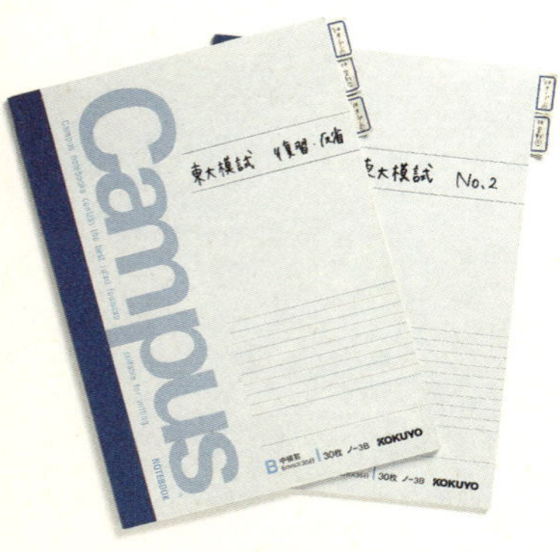

2冊に「東大模試」の復習と反省を綴り、模試ごとにインデックスをつけている

現役のときの不合格通知。これを机の前に貼り楽観的になりがちな自分を戒めた

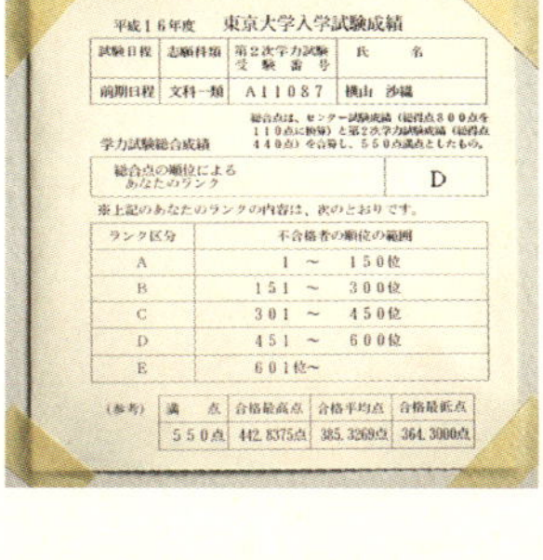
平成16年度　東京大学入学試験成績

試験日程	志願科類	第2次学力試験受験番号	氏名
前期日程	文科一類	A11087	横山 沙織

学力試験総合成績

総合点は、センター試験成績（総得点800点を110点に換算）と第2次学力試験成績（総得点440点）を合算し、550点満点としたもの。

総合点の順位によるあなたのランク	D

※上記のあなたのランクの内容は、次のとおりです。

ランク区分	不合格者の順位の範囲
A	1 ～ 150位
B	151 ～ 300位
C	301 ～ 450位
D	451 ～ 600位
E	601位～

（参考）	満点	合格最高点	合格平均点	合格最低点
	550点	442.8375点	385.3269点	364.3000点

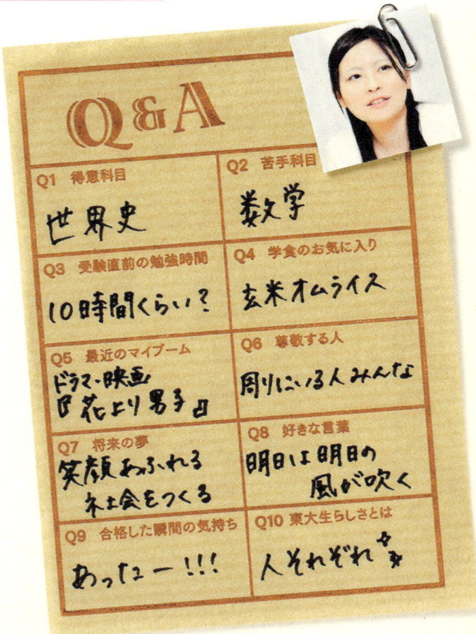

Q&A
Q1 得意科目
世界史
Q2 苦手科目
数学
Q3 受験直前の勉強時間
10時間くらい？
Q4 学食のお気に入り
玄米オムライス
Q5 最近のマイブーム
ドラマ・映画『花より男子』
Q6 尊敬する人
周りにいる人みんな
Q7 将来の夢
笑顔あふれる社会をつくる
Q8 好きな言葉
明日は明日の風が吹く
Q9 合格した瞬間の気持ち
あったー!!!
Q10 東大生らしさとは
人それぞれ

それにしても、1回分の東大模試の復習と反省をまとめるのに20〜30ページを使う。それは大変な作業だ。時間がかかるため「本当にこんなことやっていていいのだろうか?」と焦る気持ちも生まれた。けれど「東大模試は、各予備校の予想問題。ピンポイントで対策ができるのだから、これだけは徹底的にやっておきたい」という思いで、2回、3回と東大模試を受けるたびにコツコツと書き溜めていった。これは、「東大模試　復習・反省」とタイトルがつけられた2冊のノートとなった。

自信となったノート

横山さんは、このノートを何度も読み込み、定着しない箇所はすぐに特定できるように蛍光ペンで線を引き、頭に叩き込んでいった。

そして11月。最後となる4回目の東大模試について、まとめノートの中のコメントは、「入試本番で点をとりに行こう」という前向きな攻めのものになっている。浪人が始まってから半年間の積み重ねが少しずつ彼女の気持ちを変えていったのだった。

「思っている以上に時間がかかるもの。時間配分を考える」（世界史）

「確実にできる問題ではミスをしない。そのためには基本に忠実にやっていくこと!」（国語）

「まず最初に、できそうな問題を落ちついて見定めること。この問題だと決めたら、それに1時間かけても完答する!」（数学）

横山さんは、このノートを記録しながら、本番へのイメージを高めていった。

しかし、センター試験前後には、どんなに努力をしてきてもやっていないことばかりに目がいき、不安と焦りが押し寄せてくる。そんなときには、つくり続けてきた、さまざまなまとめノートを開いた。ノートの中には、整理された知識が体系的に書かれていた。東大模試のまとめノートには、改善点が叱咤激励の言葉とともに記されている。それは自分の弱点を効率よく見直すことのできる彼女専用の参考書でもあり、心強い見方となっていた。

「これを完璧に自分のものにしよう」と何度もノートを確認し続けた。

いよいよやってきた受験当日。横山さんはまとめノートを持ち、東大入試に臨んだ。緊張はした。しかしそれは現役のときの努力不足からくるものではなく、「やったことをどこまで出しきれるか」という思いからくるものだった。きっと大丈夫。鞄の中のまとめノートが自信と強さを与え、そっと背中を押してくれた。

そして再び3月10日。東大本郷キャンパス、合格発表掲示板前。横山さんは、自分の受験番号が書かれている掲示板を見つめ、こみ上げてくる喜びと安堵感に包まれていた。

1年間、東大に合格するために自分を変えようという断固たる決意が、まとめノートへの意欲を保たせた。そして、浪人という初めての挫折を乗り越えるため、弱さを見つめ、ストイックにノートに記録し続けることができた。こうしてできあがったまとめノートだからこそ、常にやるべきことを示してくれた。だから、非効率なんかじゃない。東大合格へ向けたいちばん効率的な勉強法となったのだ。■

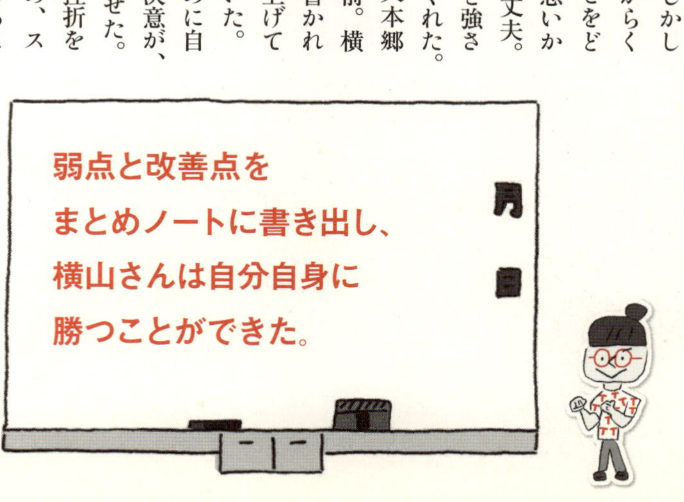
弱点と改善点を
まとめノートに書き出し、
横山さんは自分自身に
勝つことができた。
月
日

東大生は語る④

県立高校3人組都会に負けてたまるか！

STORY AROUND
TAKAHIRO NISHIDA
SHOICHI SAKATANI
HISAO KIUCHI
NOTEBOOKS

理科Ⅰ類2年

西田昂広
酒谷彰一
木内久雄

東大陸上部に所属する西田くん、酒谷くん、木内くん。
彼らは、不利だと言われる県立高校から
陸上部で活躍しながら理科Ⅰ類に現役合格をした。
その秘訣は何だったのだろうか？

富山県有数の進学校、県立高岡高校普通科出身の酒谷彰一くん。高校時代は陸上部に所属し、塾にも通わず東大に現役合格した。「学校の課題と授業をこなしていたら塾に通う時間はなかった」という彼が東大生となり、そこで感じた「都会との差」とは——。

酒谷くん（以下酒谷）　入学したてなのに物理の授業で「大学の物理をかじってる」みたいな発言をする人がいたんだよ。都会の大手予備校に通っていた人たちは、一歩進んだことを学んできたんだなって驚いた。

木内くん（以下木内）　物理を積分使って解くのも、きっと予備校で習う受験テクニックだよね。

酒谷　俺なんて高校でそういう解き方を使ったら、先生が危険だからやめろって（笑）。学習指導要領にないことをすると、採点者に余計注意深く見られるからってことらしいんだけど。

西田くん（以下西田）　うちは最終的に教科書に出ていない解き方も教えてくれたけどな。

西田昂広　熊本県立熊本高校普通科出身

部活でも恋愛でもやりたいことはやればいい

酒谷　いいないいな。だから俺は都会との情報格差はあると思って、本屋で東大生の合格体験記をめっちゃ立ち読みして、共通点を抽出して参考にしたよ。

木内　頑張ってるなあ。俺は情報通の友だちがいたから聞いた。

西田　楽だな、お前（笑）。私立の中高一貫校は、1年前倒しで授業を進めて、高3はずっと受験対策だって聞いたことがあったから、都会に負けてたまるかって思ってた。

酒谷　それはちょっとあったよね。

地元ではえらい（頭のいい）と評判の進学校、静岡県立富士高校理数科に進んだ木内久雄くん。高校では、学内で10位になれば、東大受験レベルと言われていた。

木内　入学したときは40位くらいだったんだけど、高2の冬に20位に上がったんだよ。そのときに、もう少し成績を上げれば行けると思って、東大を目指すことにした。

酒谷彰一　富山県立高岡高校普通科出身

県立でもやり方は遜色ないと思うんだ

酒谷　うちは毎年10～20人くらい東大に合格するから、とにかくトップを走ろうと思ってた。

西田　うちは順位が発表されなかったな。ゆとり教育なんで（笑）。模試の全国順位を参考にしたかな。

酒谷　模試といえば、高2の夏に東大はB判定が出て「行けるんや」って自信にはなったけど、ずっと焦りはあったよね。なにせセンター試験間近だっていうのに、教科書の範囲がなかなか終わらない！

西田　東京の講義をビデオで見るっていう地元の予備校の夏期講習を受けたときに、化学で見たことのない図が出てきて、講師が「学校で習った人いますか？」って聞いたら、ビデオの中の都会の人はほとんど手を挙げてた（笑）。結局学校でその範囲を習ったのは、2ヶ月あと。進むのは遅かった。

木内　とはいっても、その分学校がフォローしてくれるよね。課題も多

木内久雄　静岡県立富士高校理数科出身

落ちたらやっぱり都会の方が良かったってなるよね（笑）

かったし。数学は特にスパルタで、課題だけで勉強は手一杯。でも、その課題をこなせば東大も目指せるって言われていたから、勉強はそれをメインに何とかやってた。だから本当は、お金をかけて塾に行く必要はないんだよね。

地方の進学校は東大合格のためのノウハウを持つ学校も多い。西田昂広くんの母校、熊本県立熊本高校にも、直前期には、東大受験者用の授業があり、学校の課題を消化することで、東大受験のための力をつけていった。

西田　センター試験のあとは、授業が受験校別になって、先生が用意した東大対策の問題をとにかく解きまくったよ。

酒谷　うちも予備校の東大模試の過去問を解くクラスがあった。

木内　うちは国語の補習をやってくれた。

酒谷　たしかに開成、灘とかと比べると少ないけど、毎年ちゃんと東大合格者はいる。だからやり方は間違ってないと思うんだよね。

西田　俺も。県立高校が不利だとは思わないよね。

木内　とはいえ、合格できたからそう言えるっていうのはあるかも。落ちたらやっぱり都会の方が良かったってなるよね（笑）。

すべてをやめて勉強に専念するという高校生もいる一方、彼らはそれぞれ陸上部で結果を残しながら現役で合格した。両立の秘訣はいったい何だったのだろう。

酒谷　両立なんて意識してなかった

SHOICHI SAKATANI

1988 富山県生まれ
小学生時代は、小3からサッカースクールに通う。小2〜6までそろばん塾に通う。通信教材「進研ゼミ」を受講する。

2001 公立中学校に進学
成績はトップクラス。野球部に所属。近所の個人塾に通い、英語を学ぶ。中3から、一旦やめた通信教材「進研ゼミ」を再受講する。学区内で一番の進学校、高岡高校を受験。

2004 県立高岡高等学校普通科に入学
塾へは行かず、高校の課題や授業に力を入れ、成績はトップクラスをキープ。通信教材「進研ゼミ」を受講し、高3からは東大特講を受講。部活は、陸上部に所属し、週6日8時まで練習をこなし、新人戦ではハードルで県1位、北信越大会に出場。高2の模擬試験で東大B判定をとり、「行けるんや」と志望大とした。

2007 東京大学理科Ⅰ類に合格
陸上部に所属。環境問題に取り組みたいという思いから、3年からは工学部システム創成学科に進学予定。

高2の新人戦ではハードルで県1位となり、北信越大会に出場した

酒谷くんの部活熱中時代のタイムスケジュール

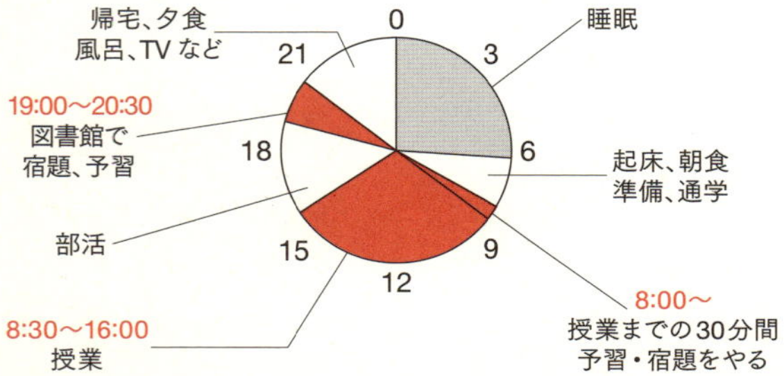
0
3
6
9
12
15
18
21
睡眠
起床、朝食
準備、通学
8:00〜
授業までの30分間
予習・宿題をやる
8:30〜16:00
授業
部活
19:00〜20:30
図書館で
宿題、予習
帰宅、夕食
風呂、TV など

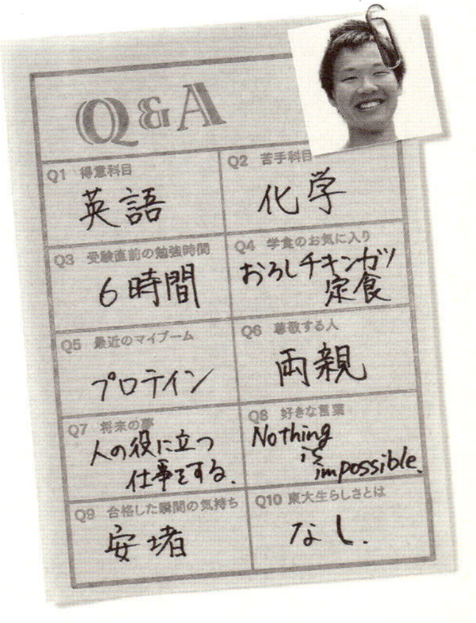
Q&A
Q1 得意科目
英語
Q2 苦手科目
化学
Q3 受験直前の勉強時間
6時間
Q4 学食のお気に入り
おろしチキンカツ定食
Q5 最近のマイブーム
プロテイン
Q6 尊敬する人
両親
Q7 将来の夢
人の役に立つ仕事をする。
Q8 好きな言葉
Nothing is impossible.
Q9 合格した瞬間の気持ち
安堵
Q10 東大生らしさとは
なし.

23/1

$C: y = 2x^2 - 3x + 2 + |(x-2)(x-1)|$

$l: y = ax - a + 1$

(1) まず曲線 C を考える。

(i) $x \geqq 1$ のとき $x - 1 \geqq 0$

$y = 2x^2 - 3x + 2 + (x-2)(x-1)$
$= 2x^2 - 3x + 2 + x^2 - 3x + 2$
$= 3x^2 - 6x + 4$
$= 3(x^2 - 2x) + 4$
$= 3\{(x-1)^2 - 1\} + 4$
$= 3(x-1)^2 + 1.$

(ii) $x < 1$ のとき $x - 1 < 0$

$y = 2x^2 - 3x + 2 - (x-2)(x-1)$
$= 2x^2 - 3x + 2 - (x^2 - 3x + 2)$
$= x^2.$

(i), (ii) よりグラフは右図。

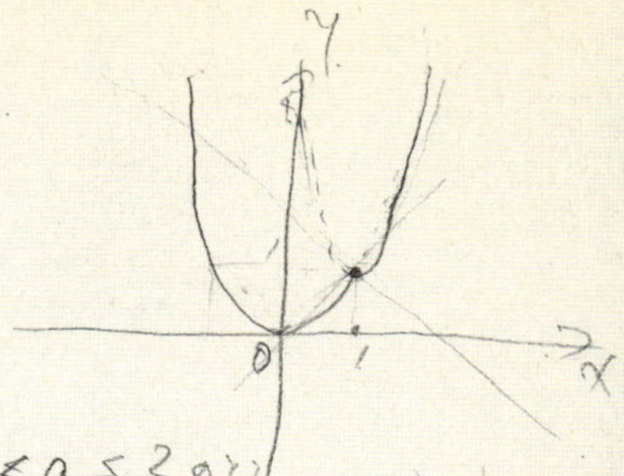

また l について

$y = a(x-1) + 1$ …① より、

a の値に関係なく

点 (1, 1) を通る、傾き a の直線。

ここで、$y = 3x^2 - 6x + 4$ で

$y' = 6x - 6$。

よって $x = 1$ での微分係数は 0。

また $y = x^2$ で $y' = 2x$。

$x = 1$ での微分係数 2。

ここで、[1] $a \leqq 0$ のとき

$x^2 = a(x-1) + 1$

$x^2 - ax + a - 1 = 0$

$(x-1)\{x-(a-1)\} = 0$

$x = 1, a-1$

$\cdots \int \cdots x^2\}dx$

$\cdots (a-1)\}dx$

$= \frac{1}{6}\{1-(a-1)\}^3$

$\frac{1}{6}(2-a)^3$

酒谷くんの数学演習問題のノート。2次試験の答案を意識して無地のノートを使用。法則5の が活かされているよ！

[2] $0 < a \leqq 2$ のとき

$y = x^2$ との交点は $1, a-1$

また $y = 3x^2 - 6x + 4$ との交点は

$3x^2 - 6x + 4 = ax - a + 1$

$3x^2 - (a+6)x + a + 3 = 0$

$(x-1)\{3x-(a+3)\} = 0$

$x = 1, \frac{a+3}{3}$

$\therefore S(a) = \int_{a-1}^{1}\{a(x-1)+1-x^2\}dx + \int_{1}^{\frac{a+3}{3}}\{a(x-1)+1-(3x^2-6x+4)\}dx$

ここクリアは

大きい

$= -\int_{a-1}^{1}\{x-(a-1)\}(x-1)dx - \int_{1}^{\frac{a+3}{3}}\{3x-(a+3)\}(x-1)dx$

$= \frac{1}{6}(2-a)^3 + \frac{3}{6}\left(\frac{a}{3}+1-1\right)^3$

$= \frac{(2-a)^3}{6} + \frac{1}{2} \times \frac{a^3}{27} = \frac{8-12a+6a^2-a^3}{6} + \frac{a^3}{54}$

$= -\frac{4}{27}a^3 + a^2 - 2a + \frac{4}{3}$

$-\frac{4}{27}a^3 + a^2 - 2a + \frac{4}{3}$

[3] $a > 2$ のとき

$S(a) = \frac{a^3}{54}$

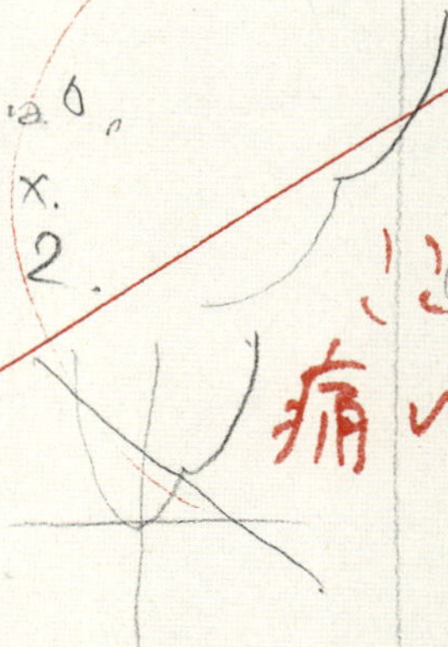

ここ以下… 最小値 $\frac{1}{6} \times 8 = \frac{4}{3}$

痛い。

(2) のとき

$S(a) = \frac{8-12a+6a^2-a^3}{6} + \frac{a^3}{54}$

$= \frac{-8a^3+54a^2-108a+72}{54}$

ここのミスのみ！

ここで $f(a) = -8a^3 + 54a^2 - 108a + 72$ とすると

$f'(a) = 30a^2 + 108a - 108 = -24a^2 + 108a - 108 = 0$

$f'(a) = 0$. $10a^2 + 36a - 36 = 0$　$-4a^2 + 18a - 18 = 0$

$5a^2 + 18a - 18 = 0$　$2a^2 - 9a + 9 = 0$

$a = \frac{-9 \pm \sqrt{81 - 5 \cdot (-18)}}{5}$

$= \frac{-9 \pm \sqrt{171}}{5}$

$a = \frac{9 \pm \sqrt{81-72}}{4}$

$= \frac{9 \pm 3}{4}$

$a = 3,$

a	0		$\frac{3}{2}$		2
$f'(a)$		−	0	+	
$f(a)$		↘		↗	
$S(a)$					

$S\left(\frac{\sqrt{171}-9}{5}\right) = \frac{1}{6}\left(2 + \frac{9-\sqrt{171}}{5}\right)^3 + \frac{1}{54}\left(\frac{\sqrt{171}-9}{5}\right)^3$

$= \frac{1}{6}\left(\frac{19-\sqrt{171}}{5}\right)^3$

$a = \frac{3}{2}$　$\frac{1}{12}$

な。無意識でやっていたというか。

木内　そうすることが当然というかね。部活やって東大に合格した先輩もしっかりいたしね。

西田　俺は高２の秋ごろが部活をいちばん頑張ってたんだけど、実は、そのときの模試がいちばん成績が良かったんだよ。

木内　俺も成績が上がった。ただ、部活やるとすごく疲れるから睡眠時間は削れない。それで復習しなくても済むように、予習をやって授業で確実に理解するようにしてた。あと、定期テスト前はかなり勉強したな。

酒谷　切りかえと集中力じゃない？　俺は、通学の電車の中で単語帳見たり、授業が始まる30分前に予習とか宿題やってたんだけど、短い時間でも集中すればかなりの量ができるんだよね。

西田　俺も電車の中で教科書に書きこみながら数学の予習やってた。部活でも恋愛でもやりたいことはやればいいと思うんだよね。そしたら勉強に集中できるはずだから。

木内　高３の夏に部活を引退してからは勉強時間は増えたよね。

木内くんが受験時代から使っている筆入れ。色数は少なくとてもシンプルな中身

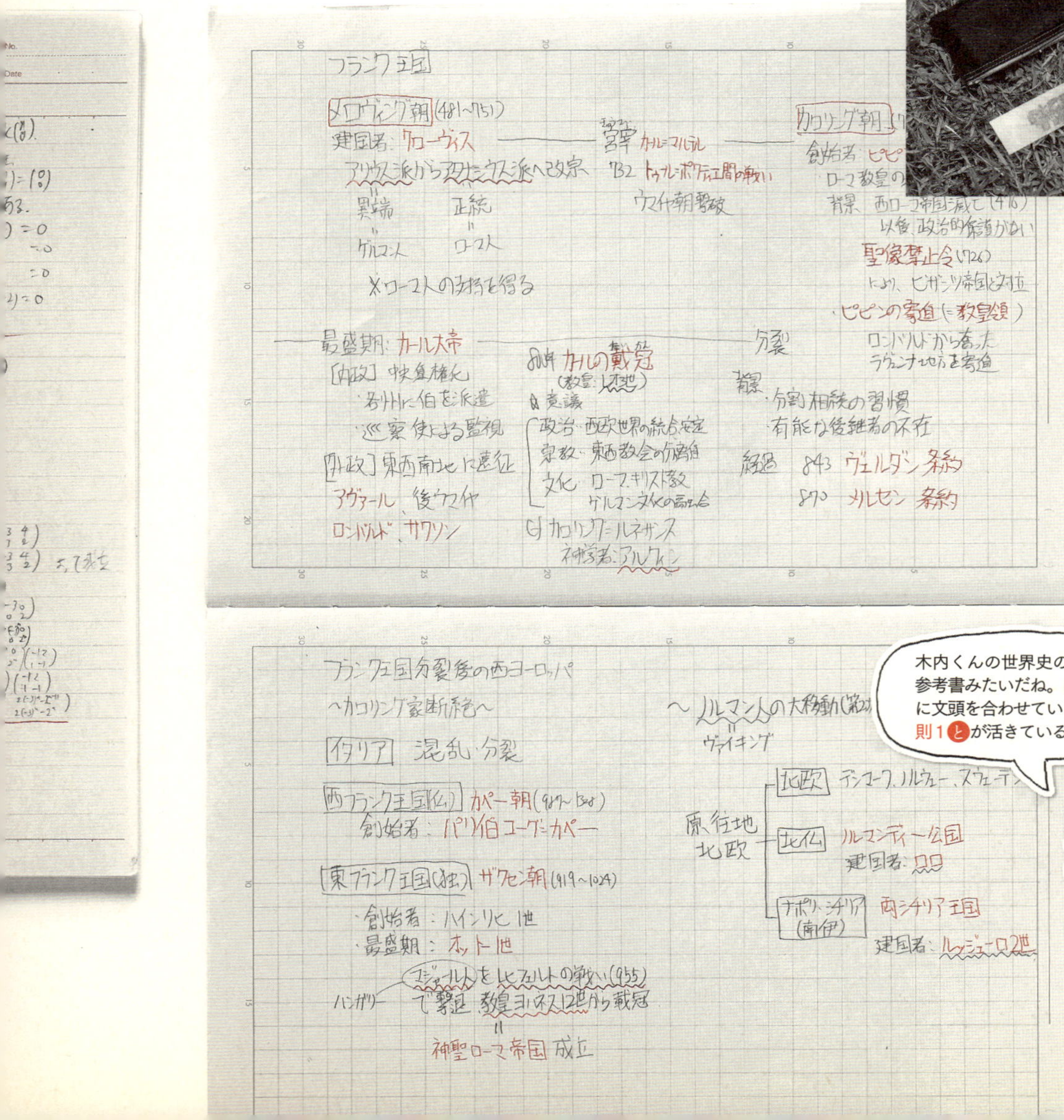

木内くんの世界史のノート。参考書みたいだね。内容ごとに文頭を合わせているから法則１とが活きているよ

西田　確かに、受験直前期は12時間とかやってたね。
酒谷　俺は一定して6時間。ずーっと6時間だったな。
木内　勉強時間が増えたといっても、体のことも気にしながらあんまり夜遅くまでやらないで、しっかり睡眠をとるようにしてた。あと毎朝納豆食べてたわ。
西田　俺も毎朝納豆（笑）。
酒谷　それなら俺はプロテインとブドウ糖だったけど（笑）。

気負わずメリハリをつけた勉強が実を結んだ3人。では実際にどんな勉強をしていたのか、高校時代のノートを開いてみよう。

木内　これは世界史ノート。先生に「横書き1ページに板書1枚分をきっちり書け」って言われたから板書を写しただけ。
西田　すげー見やすい！　参考書みたいだね。
木内　うん、先生がよくやってくれたなって。おかげで理系なのに世界史が得意で、センター試験前もノー

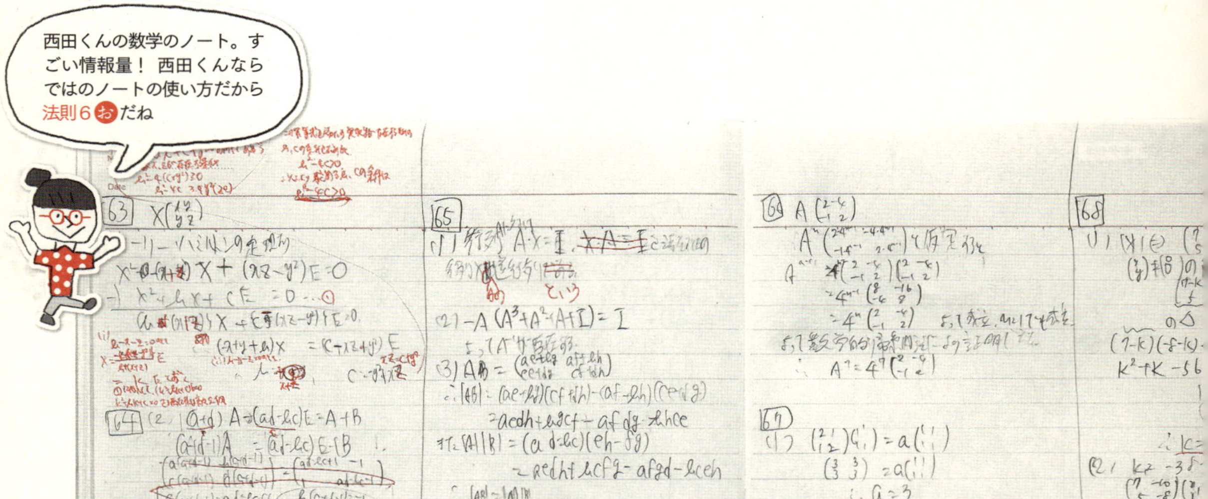
西田くんの数学のノート。すごい情報量！ 西田くんならではのノートの使い方だから法則6 お だね

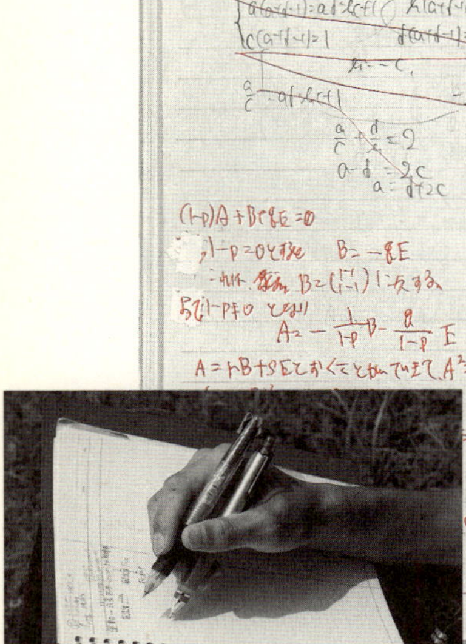
西田くんはシャープペンと４色ボールペンを箸のように持ちながら、板書と同じスピードで、黒板だけを見つめノートをとっていた

トを見直すだけでそんなに勉強しなくてもよかったんだよね。
西田　俺の数学ノートはひどいよ。
木内　数学のノートは計算帳だからいいんだよ。
酒谷　にしても西田のノート、めっちゃ詰めて書いてない？
西田　無駄が嫌なんだよね。でも、付け足したいときにびっしり書きすぎててスペースが足りなくて、困ったこともあった。仕方なく小さく書いてたけど。
酒谷　俺は数学は板書をそのまま写す気はなくて。予習で問題を解いて、授業で解答と解説を聞いて、わからないところだけ強調して、コメントにして書いてた。
西田　そういえば、予習の段階で不安な部分に印をつけておいて、授業中は、そこの解説のときに集中して聞いてメモしてたな。
酒谷　俺は見直すときのために、コメントを書いて、ぱっと目で追うだけでもわかるようにしてたんだ。
西田　へぇ、俺は見直した記憶がないな。予習で解いて、授業でやって、終わり。
酒谷　お前、天才だな（笑）。

　高校の指導のもと、試行錯誤で勉強し力をつけてきた。その中で彼らが感じた、東大合格に必要な力とは――。

酒谷　東大の問題は、要領が良くないと解けないよね。英語は真面目に努力してじっくりやるというよりも……。
西田　間違えてもいい、くらいの勢いがないと間に合わない。基本的な単語を使っていかにまとめるか、かな。膨大な情報をまとめる力とス

高校２年夏の陸上大会での一枚。高校時代から中距離選手として活躍している

HISAO KIUCHI

1988 静岡県生まれ
小学校時代はゲームにはまっていた。一度塾に通うが肌に合わず、勉強はマイペースにやりたいと思う。小1からそろばん塾に通い、中３まで続ける。

2001 公立中学校に進学
成績は常にトップクラス。部活はバスケ部に所属。通信教材「Z会」を受講。中２のときの総合学習で原子力の仕組みについて発表を行い、理系へ進もうと決める。

2004 県立富士高等学校理数科に進学
入学当初の志望大は名古屋大。成績が徐々に上がったので、高２で東大を志望大とする。陸上部に所属し中距離を走る。通信教材「Z会」を続け、高３から東大コースを受講。また、高３の夏休み、駿台予備校お茶の水校の夏期講習に２週間参加した。

2007 東京大学理科Ⅰ類に合格
陸上部に所属。３年からは工学部応用化学科へ進学予定。

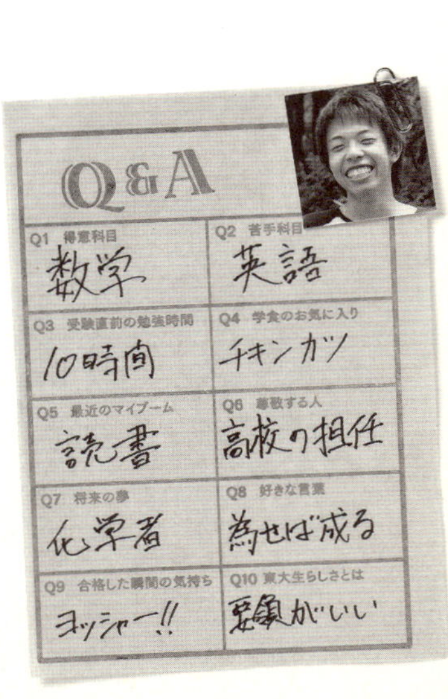

Q&A
Q1 得意科目
数学
Q2 苦手科目
英語
Q3 受験直前の勉強時間
10時間
Q4 学食のお気に入り
チキンカツ
Q5 最近のマイブーム
読書
Q6 尊敬する人
高校の担任
Q7 将来の夢
化学者
Q8 好きな言葉
為せば成る
Q9 合格した瞬間の気持ち
ヨッシャー!!
Q10 東大生らしさとは
雰囲気がいい

木内くんの部活熱中時代のタイムスケジュール

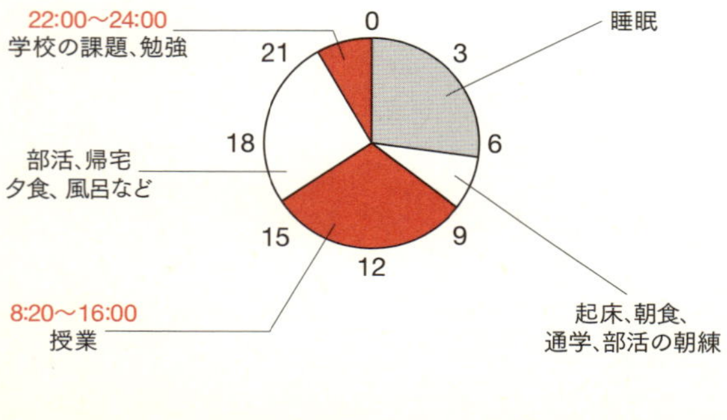

0
3
6
9
12
15
18
21
22:00〜24:00
学校の課題、勉強
睡眠
部活、帰宅
夕食、風呂など
8:20〜16:00
授業
起床、朝食、
通学、部活の朝練

ピードが必要。

木内　どの科目もそうじゃない？　応用力でまとめるみたいな。

西田　数学は、たくさん問題を解いて、解法を覚えて、それが本番でうまく使えるかどうか。考えなくても「この問題だったらこの解き方だ」って自然に体が動いて解答が書けるくらいにしておかないと。反射に近いのかな。

木内　確かに直前期は、それを意識して問題を解かないと目標点までいかないよね。

酒谷　東大の入試問題は、ぱっと見は「は？」って思う問題が多い。

西田　けど、やっていることはセンター試験と同じだったりする。

酒谷　でもそれを見抜けない人もいるでしょ？　だから、問題の本質を見抜く力みたいなものが必要だと思うんだけど。

木内　問題が何を求めているかね。うわべで惑わされないというか。

西田　だから、いろんな問題に触れておいたほうがいいよね。

酒谷　やっぱり東大受験は忍耐力に尽きるかもね。■

TAKAHIRO NISHIDA

1989 熊本県生まれ
小学生時代は、野球とゲームに夢中になって過ごす。付録につられ、通信教材「進研ゼミ」を受講する。小４からそろばん塾に通い、中２まで続ける。

2001 公立中学校に進学
成績はトップクラス。ハンドボール部に所属。暇つぶしにと中２から進学塾に通い、ラサール高校などを受験するクラスに入り勉強する。しかし、私立には進学せずに県立の熊本高校を受験する。

2004 県立熊本高等学校普通科に入学
自由な校風で、１、２年はのんびりと過ごす。部活は陸上部に所属。三段跳では県１位となり、九州大会まで進む。部活が終わり、受験勉強を本格的に開始。九州大医学部への進学も考えたが、センター試験後に、教師の薦めもあり東大受験を決める。

2007 東京大学理科Ｉ類に合格
陸上部に所属。３年からは、理学部地球惑星物理学科に進学予定。

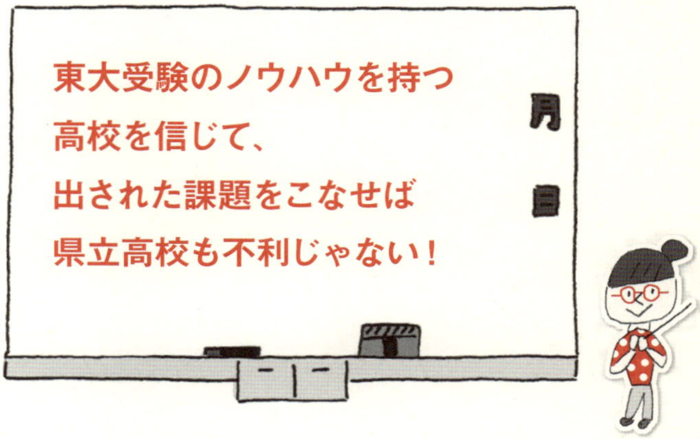
東大受験のノウハウを持つ
高校を信じて、
出された課題をこなせば
県立高校も不利じゃない！
月
日

高２の新人戦では走幅跳４位、三段跳で県１位となり、九州大会まで進んだ

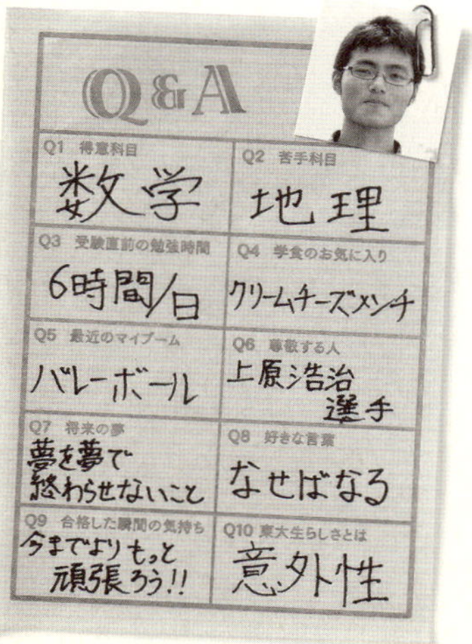
Q&A
Q1 得意科目
数学
Q2 苦手科目
地理
Q3 受験直前の勉強時間
6時間/日
Q4 学食のお気に入り
クリームチーズメンチ
Q5 最近のマイブーム
バレーボール
Q6 尊敬する人
上原浩治選手
Q7 将来の夢
夢を夢で終わらせないこと
Q8 好きな言葉
なせばなる
Q9 合格した瞬間の気持ち
今までよりもっと頑張ろう!!
Q10 東大生らしさとは
意外性

西田くんの部活熱中時代のタイムスケジュール

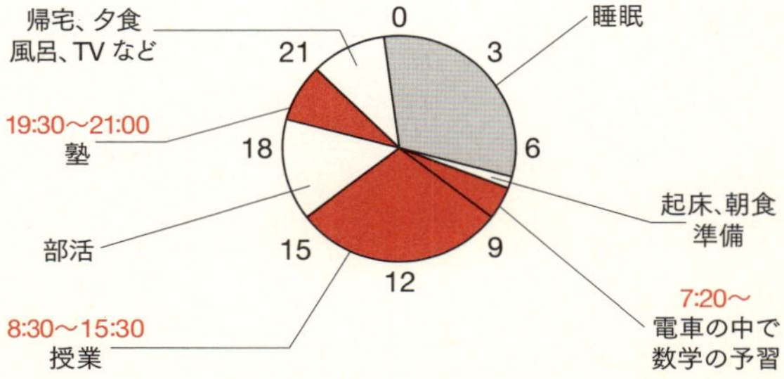
0
3
6
9
12
15
18
21
睡眠
起床、朝食準備
7:20～
電車の中で数学の予習
8:30～15:30
授業
部活
19:30～21:00
塾
帰宅、夕食
風呂、TV など

ノートづくりで合格した東大生たちに学ぶ

使っていた7つの法則

法則1 と
とにかく文頭は揃える

法則2 う
写す必要がなければコピー

法則3 だ
大胆に余白をとる

法則4 い
インデックスを活用

法則5 の
ノートは区切りが肝心

法則6 お
オリジナルのフォーマットを持つ

法則7 と
当然丁寧に書いている

STORY AROUND
YUMU YAMAGUCHI
NOTEBOOKS

山口優夢くん

（P32〜37）

板書を写すだけでは、授業を深く理解するのは難しい。また見直すときに前後との関連がわからない部分も出てくるので、**教師の話を付け加えながら、板書の箇条書きをつなげていく作業が大切。**矢印や「だから」「また」などの言葉を使いながらつなげていくと、ノートの中身にストーリーが生まれる。こうすることで**授業を体系的に捉えて理解**し、**知識を定着**させていくことができる。

山口くんのノートにおける **7つの法則**

法則1 と

法則5 の

情報が漠然と書かれているように見える山口くんのノートだが、内容ごとに文頭は揃い、区切りよくまとめられている。

STORY AROUND
SHIN ISHIDA
NOTEBOOKS

石田 慎くん

（P38〜43）

ノートは漫然ととるのではなく**内容ごとに整理しながら書いていこう。**大見出し、小見出し、内容のあらまし等で区別ができるように文頭の位置を変えたり、同じようなことを述べている内容のものは囲みをつけたりして、**グループ分けしていく。**そうして論理的に整理しながら書き込んでいくことによって、学ぶ内容がわかりやすく分類され、文章の意味がとりやすくなる。

石田くんのノートにおける **7つの法則**

法則1 と

法則3 だ

石田くんのノートが整理されているのは、内容ごとに文頭の位置を分けて揃え、余白を多くとっているからだ。

STORY AROUND
SAORI YOKOYAMA
NOTEBOOKS

横山沙織さん

（P44〜49）

授業ノートに加えて教科書や参考書のポイントを書き込むだけのまとめノートでは、ただ単に授業をなぞっているだけで意味がない。まとめノートをつくる意義は、**自身の弱点を洗い出し、その改善点を明確にすること。**そのために、授業や模試で**つまずいた部分を重点的に書き込んでいく。**以上を意識してノートをつくれば、オリジナル参考書として価値のあるまとめノートができる。

横山さんのノートにおける **7つの法則**

法則4

法則5

法則7

横山さんのまとめノートには法則のうち3つが活きている。模試や試験前に見返す自分のために、整理してまとめる。

STORY AROUND
TAKAHIRO NISHIDA
SHOICHI SAKATANI
HISAO KIUCHI
NOTEBOOKS

酒谷彰一くん

（P53）

酒谷くんは、数学の2次試験の答案用紙と同じ形式のB5サイズの無地ノートにいつも**本番のつもりで問題演習を行った。**また、間違えた部分や理解できていない部分には注意点のコメントを書き入れることで、効率よく復習ができた。少しの工夫で大きな成果を得られるやり方。

西田昂広くん

（P55）

予習をする際は疑問点やあいまいな部分をノートに記すこと。それにより授業の理解度を高めることができる。また入試本番の数学で100%の力を発揮するために**ノートは計算帳のつもりで使おう。**計算式を書きまくることで、体に解答の感覚を染み込ませることができる。

木内久雄くん

（P54）

横に広がる黒板に書かれた内容は、時に、縦に長いノートには納まりが悪いことがある。木内くんのように**思い切ってノートを横に倒して使ってみる**と、授業の流れに沿ったスムーズな書き込みができるかもしれない。ノートの正しい使い方は、自分の都合で決めればいいのだ。

酒谷くんのノートにおける **7つの法則**

法則5

1ページにつき問題を1〜2問と区切りよく使う。

木内くんのノートにおける **7つの法則**

法則1

文頭が揃っていて、後から見ても内容が理解しやすい。

西田くんのノートにおける **7つの法則**

法則6

とにかく書くのでノート節約ができるフォーマットで。

東大生の故郷を訪ねて

「家族力」があったから東大に合格できました。

STORY AROUND
TAICHI NAKAMURA
NOTEBOOKS

中村太一

文科Ⅱ類2年

受験の成功には、家族の協力が影響している。「東大に行きたい」という息子の思いを叶えるために、一丸となって受験時代を過ごした家族を紹介する。

東大合格の秘訣は家族力

僕が東大に合格できたのは、自分の努力とか以前に、家族のお陰なんです。東大を目指そうと思ったのは高2の春ごろ。膝をいためてバスケ部をやめてしまい新しい目標を探していたんです。もともとバスケもうに、東大を意識したのも『ドラゴン桜』がきっかけです。いつも漫画に影響されるんですよね（笑）。読んでいると雲の上の存在だった東大が身近に感じられた。父は常々、「目標は高く掲げたほうがいい」と言っていたので、賛成してくれました。母親は、食事など生活面を支えてくれました。受験中は、目標に向かって家族一丸となって共同作業をしているような感じで。悲壮感なんてまったくありませんでした。合格のいちばんの秘訣は「家族力」だったと思うんです——。

合格へ向け家族一丸となる

佐世保駅から車で10分ほど。車一台がやっと通れるような狭い坂道の途中に中村家はある。祖父の壽雄さんが17年前に脳梗塞で倒れ車椅子生活のため、バリアフリー設計の開放的なリビングルーム。大きな窓から光が射し込み、棚の家族写真には、たくさんの笑顔が並んでいる。高2の春、中村くんはこの場所で夕飯を食べながら、東大を目指したいと家族に打ち明けた。

「東大なんて想像もしていなかった。ただ、私自身の経験から、可能性を限定せずに目標は高く設定し、下からではなく上から攻めていくやり方が成功に近づくと思っていたので、東大を目指すのはいいね、と言いました」と父の徳裕さん。

中村くんの母校、県立佐世保北高校では、成績上位の生徒は九州大学を目指す。東大に合格するのは年に1人いるかいないか。彼も高校入学当初は九大を志望していた。母親のまり子さんも九大に合格できれば御(おん)の字だと思っていた。

「東大なんて考えたこともなかったレベルですよね。一度、三者面談で担任の先生から、〝東大、京大クラスを目指せ〟と言っていただいた

中村くんの家族紹介

長崎県佐世保市在住
祖父　中村壽雄　（82歳）
祖母　中村トシ子（76歳）
父　　中村徳裕　（48歳）
母　　中村まり子（47歳）

ことはあったんですけど、その理由が、授業中は寝ているのに大事なところの説明になるとスーッと目を覚ますからって（笑）。そのくらいの話ですよ。でも、共働きで放任だったので、夫と話し合って、親バカかもしれないけど、太一がやりたいことをやれるように家族でサポートしようっていうことになったんです」

両親の後押しもあり、中村くんは決意を固め東大文科Ⅱ類合格を目指し勉強を始めた。持ち前の集中力を活かし、部活をやめてもてあましていたパワーを勉強に向けた。平日は、学校の授業が終わると塾へ行き、夜の10時ごろまで勉強をした。塾には「コンビニ弁当を食べなくていいように」と母方の祖母が毎晩お弁当をつくって届け、そして、帰宅が遅くなる中村くんをまり子さんが車で迎えに行った。家につくと壽雄さんが口を懸命に動かして「おかえり」と声をかけてくれる。家族みんなで、目標に向けて頑張る彼のサポートを続けた。

父親の言葉が支えてくれた

受験勉強中、中村くんが特に頭を悩ませたのは、東大受験には社会が3科目必要だということだった。3科目目に選んだ地理は、県立高校のカリキュラムでは補えず、他の科目の時間を割くしかない。無駄のない勉強をするためにノートも必要なこと以外は書かないという徹底ぶりだったため、これ以上、効率化をはかることは厳しかった。それに、万が一東大がだめだった場合には、地理の勉強は無駄になってしまう。いっそのこと地理をあきらめて、私大を目指すことにするか……「志望校の再考を」というメッセージの続く模試の結果に、高3の春には目標がぐらついたこともあった。

そんなとき、徳裕さんがいつも口にしていた「可能性を限定しないで高い目標を持てばきっと成功する」という信念が頭をよぎった。ここまで頑張ってきたんだ。やっていないうちから目標を変えるわけにはいかない。やっぱり東大を目指そう。中村くんは思い直した。

最終的に、地理は中村くんのために行われることになった高校での補

大学を受験しない幼なじみがわざわざ受験日直前にくれた千羽鶴。捨てられない

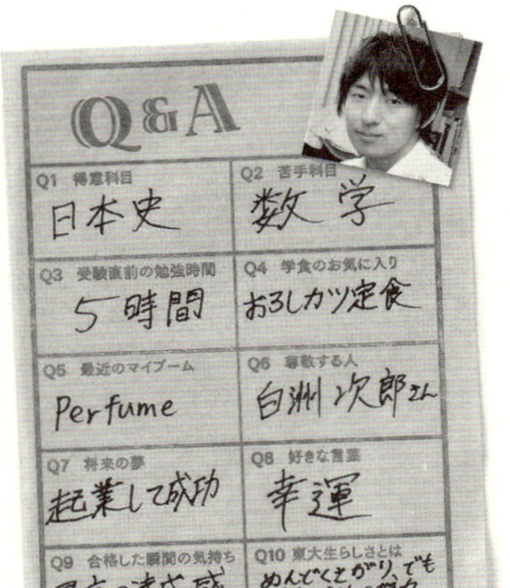

小さい頃から漫画が好きで、何かを始めるきっかけは、たいてい漫画の影響だった

TAICHI NAKAMURA

1988 長崎県生まれ
小学校時代は『キャプテン翼』を読みサッカー選手になることが夢だった。ゲームをするときの集中力がすごかった。

2001 公立中学校に進学
成績は10番台。サッカー部に所属。中3の夏から「東進衛星予備校智翔館」に通い始める。中学最後の定期テストで1位をとる。

2004 県立佐世保北高等学校普通科に進学
春休みから勉強を始め、高校では上位の成績からスタート。バスケ部に入るが、膝を壊す。そのころ、『ドラゴン桜』を読み東大を目指す。中学から続けていた「東進衛星予備校」と高校の補講を受けながら実力を磨いていった。起業ブームに影響され、文科II類を受験。

2007 東京大学文科II類合格
起業系サークルに所属。2年の夏からは企業インターンシップに参加する。3年からは経済学部経営学科に進学予定。

習と予備校の映像講義を受けながら学ぶことにした。

「結局、地理の範囲を最後まで終えたのは、なんと本番の3日前でした（笑）。受験のために滞在していた東京の部屋で勉強しながら、さすがに進め方が甘かったかな、と反省もしたんですけど。やるしかないか、という一心でしたね。実際に最後の方で勉強した内容が出題されたので、やっぱり諦めなくて良かったと思いましたよ」

ちなみに、両親は一度も「無理なんじゃない？」とは言わなかった。

「私たち夫婦は本当に受験の素人で、全然予備知識がありませんでした。県立高校だとカリキュラム的に無理があるんだとかそういう大変さを全然知らないから、のんきに構えていられたんでしょうね」

地方出身者にとって、東京での受験は戸惑うことが多い。ホテルに泊まり、食事は外食。見知らぬ土地で慣れない電車に右往左往する。そこに緊張が加わって、本来の力を発揮するのが難しいこともあるかもしれない。まり子さんが話す。

「周りの親御さん方が失敗談も交えてお話をして下さったんです。〝考えてもごらんなさい。首都圏の子たちはしょっちゅう行ってるところで受けるのよ。こっちの子は飛行機に乗って、ホテルに泊まって、一人でご飯食べて知らないところで受験するんだから。そんなハンディがあるんだから大事なときに親がサポートするのは意味のあることよ〟って。最初は、過保護かな、とかお金がかかるなぁ、とか思ったんですけど、私もついていくことにしました。浪人することになったら、もっとかかりますからね（笑）」

徳裕さんは、普段の生活に近い状態で過ごせるようにと東京のウィークリーマンションを手配し、中村くんとまり子さんを送り出した。中村くんはいつも通り母親の手料理を食べ、リラックスして受験に臨んだ。

「最後の模試がC判定。それが今まででいちばん良い成績でした。だからギリギリのボーダーライン。それでも、当日はほどよい緊張感と安心感が混じったベストコンディション

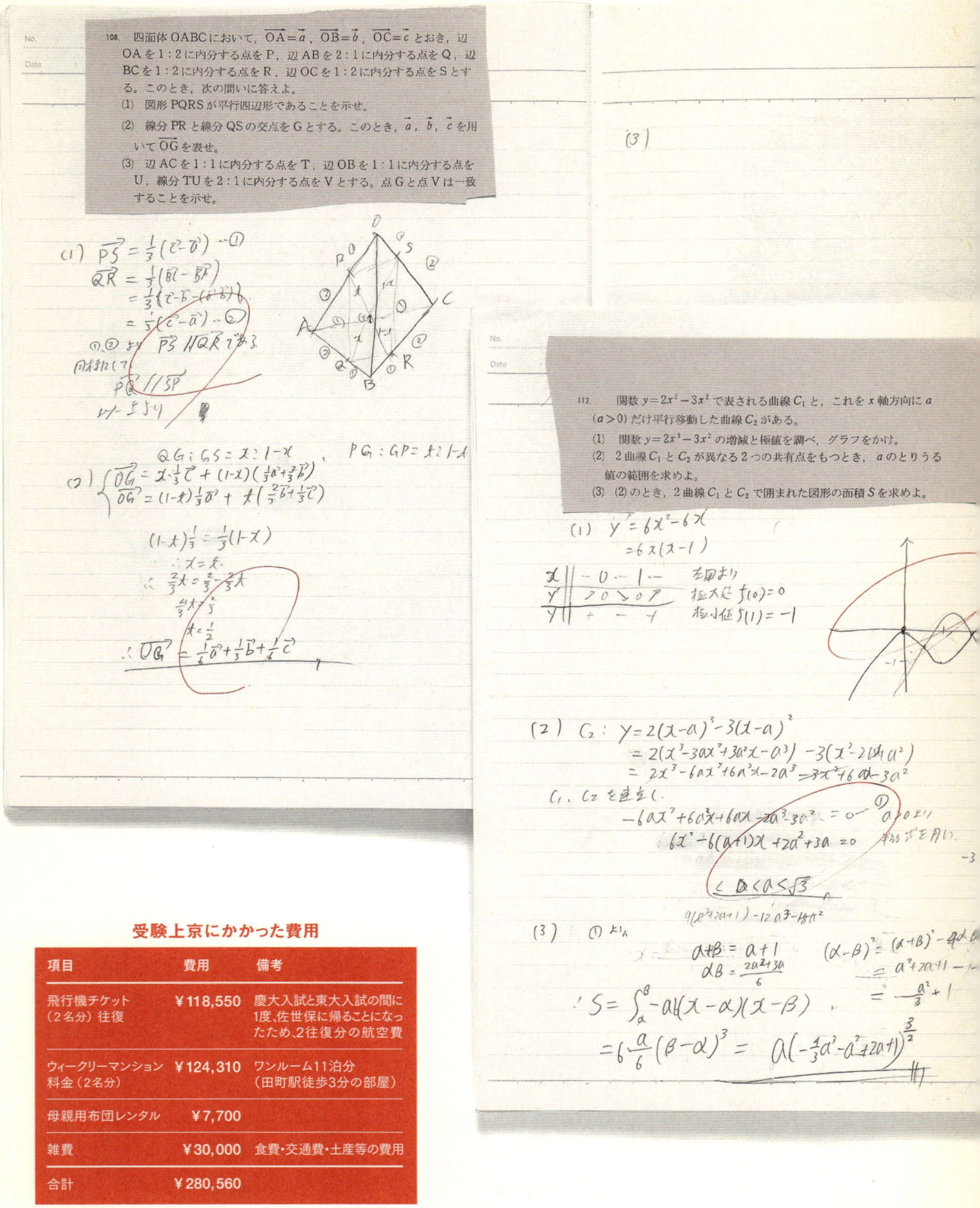
108. 四面体OABCにおいて，$\overrightarrow{OA}=\vec{a}$，$\overrightarrow{OB}=\vec{b}$，$\overrightarrow{OC}=\vec{c}$ とおき，辺OAを1：2に内分する点をP，辺ABを2：1に内分する点をQ，辺BCを1：2に内分する点をR，辺OCを1：2に内分する点をSとする。このとき，次の問いに答えよ。

(1) 図形PQRSが平行四辺形であることを示せ。

(2) 線分PRと線分QSの交点をGとする。このとき，$\vec{a}$，$\vec{b}$，$\vec{c}$ を用いて $\overrightarrow{OG}$ を表せ。

(3) 辺ACを1：1に内分する点をT，辺OBを1：1に内分する点をU，線分TUを2：1に内分する点をVとする。点Gと点Vは一致することを示せ。

112. 関数 $y=2x^3-3x^2$ で表される曲線 C_1 と，これを x 軸方向に a $(a>0)$ だけ平行移動した曲線 C_2 がある。

(1) 関数 $y=2x^3-3x^2$ の増減と極値を調べ，グラフをかけ。

(2) 2曲線 C_1 と C_2 が異なる2つの共有点をもつとき，a のとりうる値の範囲を求めよ。

(3) (2)のとき，2曲線 C_1 と C_2 で囲まれた図形の面積 S を求めよ。

受験上京にかかった費用

項目	費用	備考
飛行機チケット（2名分）往復	¥118,550	慶大入試と東大入試の間に1度、佐世保に帰ることになったため、2往復分の航空費
ウィークリーマンション料金（2名分）	¥124,310	ワンルーム11泊分（田町駅徒歩3分の部屋）
母親用布団レンタル	¥7,700	
雑費	¥30,000	食費・交通費・土産等の費用
合計	¥280,560	

で、人生で最高の集中力を発揮して120％の力が出せました」

家族がくれたプラス24点

合格発表当日。発表を見に行っている千葉の親戚からは、一向に電話がかかってこない。まり子さんは台所に立ち、「連絡が遅いからダメだったのかな」と涙ぐんでいた。そこに電話が鳴った。

「うおーー!!」。中村くんの雄たけびが東大合格を知らせた。「そりゃもう、めちゃくちゃ嬉しかったです」と徳裕さんはそのときを思い出す。合格した瞬間の息子の表情を捉えようとカメラを構えていたが、中村くんが喜びでぴょんぴょん跳び回るため、写真には、腰しか写らなかった。その様子を見てまり子さんは「喜ぶこともストレスになるからほどほどにね」とやんわり言った。

「確かにあとで疲れました（笑）。でもそのときは、どうにかなるんじゃないかと思うくらい嬉しかったですよ」

入試の成績を開示し、見てみると合格最低点を24点も超えていた。家族の愛情あるサポートが、ボーダーラインの成績に点数をプラスしてくれたのだ。

「塾の迎えに行っていた道を今、車で通るとすごく懐かしい気持ちになるんです。一緒に目標に向かっていたことが楽しかったな、いい時間だったなって。受験だからといって何か特別に大変だったというわけじゃなかったんですよね」とまり子さんは振り返る。

東大生になり普段は家族と離れて暮らしている中村くん。久しぶりに帰省した孫と話しながら、祖母のトシ子さんは「周りの人に喜んでもらえる存在になってほしい」と涙ぐむ。

「子供は親や家族から何かをしてもらうばかりなんですよね。もともと義理堅い人間じゃないけど、家族には何か返したいなって思います」

中村くんがお父さんの信念を支えに東大を目指したことは、家族みんなの夢になった。そして彼自身が夢を叶え、みんなに喜んでもらえた。そのことが、なによりの親孝行なのかもしれない。■

東大生のぞき見コラム❷ マンガで学ぼう！東大受験

トウ子とダイ助の東大物語

東京在住のトウ子17歳。宮崎在住のダイ助18歳。一見ふつうの遠恋カップルですが、なんと2人は「東大志望」だったのです。❶

ある秋の晩——
名残りおしいけどここまでやね
うん。これから2時間、まとめノートをつくって眠るわ
ガラガラ。
寝る前にも手洗いうがいせんといかん❷
乾燥は大敵
加湿器
一緒に東大……
そして、ダイ助の翌朝——
規則正しく。体力もつけんと……！❸
7時
いただきます
9時
ハイッ
20時
頭と身体をほぐして
勉強の間にチョコレートで頭の栄養を❹
22時
こうして毎日ダイ助の日々は続く……

現役東大生&東大卒業生50人アンケートから、受験の心構えを紹介！板書を見ながら読んでみてね。

❶50人のうち23人が受験生時代に付き合っている人がいたことが判明。みんな結構青春してたわけか

❷入試当日に風邪をひいては実力を発揮できない。それだけじゃない。最悪、試験が受けられなくなるかも……。だからこそ、インフルエンザ対策が重要。「カビや結露を覚悟で、受験が終わるまではとにかく加湿しまくった」「体を冷やさないように一年中上着を1枚持ち歩いていた」という人も。転ばぬ先の杖だね

❸半数以上が12時には就寝と回答。さらに45人は必ず朝ごはんを食べていた。1日の活力「朝ごはん」はやっぱり大切！

❹勉強のお供として一番人気は「チョコレート」。あの甘さが疲れを癒してくれる。また、

一方、トウ子の朝――
朝はリラックスしてゆっくり朝食
食パンにジャム
休日は午前、午後に分けて勉強
ときには電話でケンカしても
言ったよー
知らんわ！
勉強でイライラしてたみたい ❺
ゴメンネ
アハハ
ウフフ
すぐに仲直りして一件落着
大好きなアーティストのライブ！ ❻
お気に入りの本屋さんに寄ってみよう
それでも寝る前にはまとめノート
まとめ！
合格してから……
センター試験 ❼
ヤッター！足切り免れた〜。いざ東京へ！
ヤッター
まってるわ
東京へ向かうダイ助！ 2人の運命やいかに？ 続きは73ページで

「うまい棒」など意外にジャンクフード好きな人もいて、栄養面に神経質になりすぎず、息抜きや頑張ったごほうびに好きなものを食べるのがいいのかも

❺夏休み明けから模試地獄が始まる。でも、一回ごとの成績に一喜一憂「しすぎる」のはダメ。気分の浮き沈みに引っぱられすぎて勉強が手につかないという、本末転倒にならないように

❻「最後に1回だけ……」と大好きなことを思う存分やってから、受験モードに突入！という人は多かった

❼どんなに努力してきても、入試当日は不安になってしまう。それを吹き飛ばすためのジンクスいろいろ――

・試験前日は新しいことに手を出さず、まとめノートでこれまでの復習
・名前は丁寧に書く
・試験開始後わざと10秒くらい何もせずに待って、あたりを見回し、余裕を持つ
・何でもいいからとにかく欄を埋めて白紙答案をなくす
・俺はできると自己暗示
・普段の勉強時からひたすら同じ一曲を聴いていると、試験中も思い出してリラックス

特別コラボ企画！新ノート開発秘話

『東大合格生のノートはかならず美しい』×コクヨ

「東大ノート」づくりに最適な キャンパスノートを 共同研究！

山のような「東大ノート」の取材を続けるうちに考えた。
「誰が書いても東大ノートになり得るようなノートがあればいいのに！」
——この気もちをノートづくりのプロ、コクヨにぶつけてみたところ
「使い手のニーズに応える商品をつくりたい」と、思いが合致。
こうして、この本から、新しいノートの共同開発が始まった。
1人の熱い男を通して、その誕生秘話をお届けしたい。

右で微笑むのは広報担当の絵馬多美子氏。左が今回の企画開発のキーパーソン、田畑幸辰氏。通称「ヨコケイ（横の罫線）の田畑」

2008年4月3日 @コクヨ東京品川オフィス

第1回　ノートプロジェクト

**本書に協力してくれている東大生3人が集まり
第1回目の話し合いはスタート！
罫線へのリクエストで白熱した。**

うわっ、
東大生のノート
めっちゃキレイ

Mission 1

大阪にあるコクヨ本社。そこにノートの罫線に強い執着を持つ男がいた。通称「ヨコケイの田畑」。東大生との話し合いを翌日に控え、燃えていた。

「美しいノートのヒケツは罫線。東大生にいろんな罫線を見せたろ」

様々な種類の罫線が引かれているノートを山ほど抱え、東京品川オフィスに向け、新幹線に飛び乗った。

「罫線て意外と邪魔なんです。使い方が制限されて。なくてもいいかも」

しょっぱなから飛び出した東大生の辛口コメント。それはさらに続く。

「罫線がどうこうより、重要なのは、いかに効率的なノートづくりができるかですよ」

自分の勉強スタイルに合った効率的なノートをつくるために、東大生は自由度を制限する罫線に不満を持っていた。入社以来5年、罫線にこだわり続けてきた男、田畑は途方に暮れた。

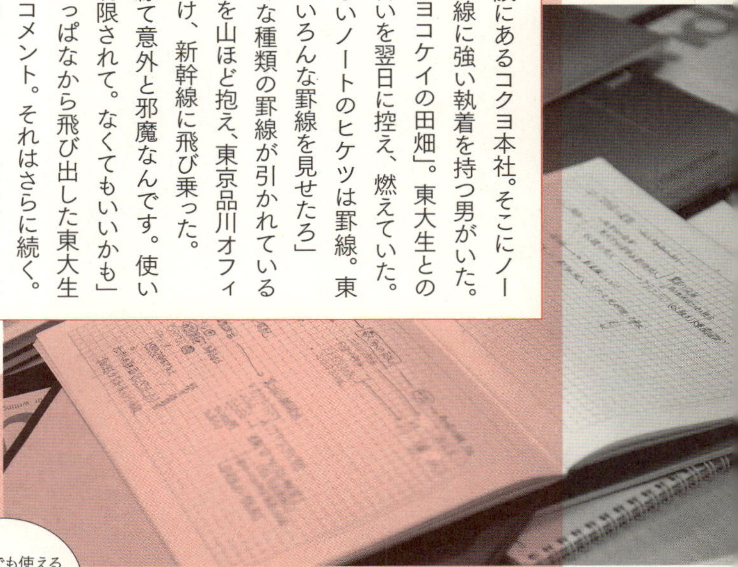

村本健造くん（工学部3年）

単にきれいに
書こうとするのではなく、
いかに効率よく
まとめるかが大切

縦書きでも使える
ノートって
ないですかね

山岡美有紀さん（法学部3年）

罫線は使い方を
制限するので
シンプルな方が
いいです

酒谷彰一くん（理科Ⅰ類2年）

横罫の線上に
ドットを入れれば
ええんちゃう
やろか……

Mission 2

2008年4月中旬〜5月上旬
「自由度」と「効率性」のあるノートを試作

1回目のプロジェクトを終え、東大生がノートに求めているものが見えてきた。まず1つ目は、自分に合ったノートづくりをするための「自由度」。そしてもう1つが「効率性」。

「この2つを実現できるノートができれば、それが〝東大ノート〟に最適なノートに近づくんや！」

田畑は、過去にノート開発の資料として集めた高校生100人のノートを「東大ノート」と見比べた。「東大ノート」のように文頭を揃え、図やグラフがきれいに書ければ、ノートが整理され、効率的に復習ができる。それには、従来の横の罫線に加えて、縦のラインがないといけない。

「それを可能にする罫線のデザインてなんや。何なんや！」——そのとき、田畑に罫線の神様が降りてきた。

「横の罫線に等間隔でドットを入れたらええんちゃうの？」

早速、罫線上にドットを乗せた「ドット入り罫線ノート」の試作にとりかかった。

そして、東大生との2回目のプロジェクトのため一路、東京の文藝春秋へと向かったのだった。

Mission 3

2008年5月13日 @文藝春秋
第2回 ノートプロジェクト

田畑はおそるおそる「ドット入り罫線ノート」の試作品を見せた。

「短い定規でも図やグラフをきれいに書けそうでいいですね」

田畑は尋ねた。

「ドットは常に使うもんじゃない。必要なときの目印なんやけど……」

「ドットはそんなに気にならないので、すごく使いやすいと思いますよ」

「これ、いけるんちゃう？」

手ごたえを感じた田畑は、意気揚々と大阪へ戻っていった。

大薗勇輔（教育学部4年）

受験勉強は
たくさん問題を
解くからこそ、
できない問題を
まとめておきたい

横山沙織（文学部4年）

まとめノートは
効率良く暗記する
ためにつくって
いました

文藝春秋に集まったコクヨの企画開発担当の面々。ノートについて意見交換をする

表紙のデザインを決めるため、デザイン案を持ちより熱い議論を交わした

Mission 4

2008年5下旬〜7月
表紙のデザインに取り掛かる

田畑が大阪に戻ってすぐ、「ドット入り罫線ノート」は商品化に向け動き出した。難問は、売り上げを左右する表紙のデザイン。田畑にはどうしてもゆずれないことがあった。

「表紙を見ただけで、中身の〝ドット入り罫線〟がわかるようにしたい」

この思いを開発部に伝え、数々の試作品が生まれた。最終決定まで15種類以上のデザイン案がつくられ、検討に検討が重ねられた。

「ドット入り罫線ノート」を、高校生に使ってもらったら…

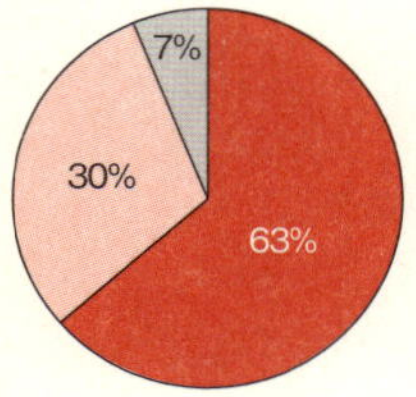

- きれいに書けた・まあきれいに書けた
- どちらでもない
- あまりきれいに書けなかった・きれいに書けなかった

（高校生22人×3教科を集計）

6割以上の高校生が、きれいに書けたと実感！

「ドット入り罫線ノート」シリーズ

「キャンパスノート」「リングノート」「ルーズリーフ」が発売される

滋賀県の工場で「ドット入り罫線」は印刷され、ノートになる

Mission 5

2008年8月〜
印刷〜製本、ノート完成！そして開発者の思い

「今までにないノートをつくりたい」という開発者魂で、ノートの企画開発としては半年という驚異的な早さで新しいキャンパスノートが完成した。

8月、「ドット入り罫線ノート」は、開発の最終段階、印刷、製本の作業に入った。完成間近、田畑はこのノートへの思いを語る。

「みんなかしこくなりたいとか、志望の大学に入りたいとか夢があるから勉強してる。今回、この本がきっかけで、その夢に近づけるノートがつくれたとホンマに思います。これから、受験生の定番ノートとして育ってほしいですね」

「ヨコケイの田畑」改め「ドットケイの田畑」、その夢は広がる。

この「ドット入り罫線ノート」は、10月から店頭に並ぶ。

No.

Date

東大ノートづくりに最適！

「ドット入り罫線ノート」は、かならず美しく書ける。

文頭をきれいに揃えて書けるから、知識が整理できる

〈基本的人権の保障〉

①自由権的基本権
- ア 自由権
- イ 平等権
- ウ 参政権
- エ 請求権

②社会権的基本権
- ア 生存権
- イ 教育を受ける権利
- ウ 労働基本権

新しい人権

θ	0	$\frac{\pi}{2}$	π	$\frac{3}{2}\pi$	2π
y	0	1	0	−1	0

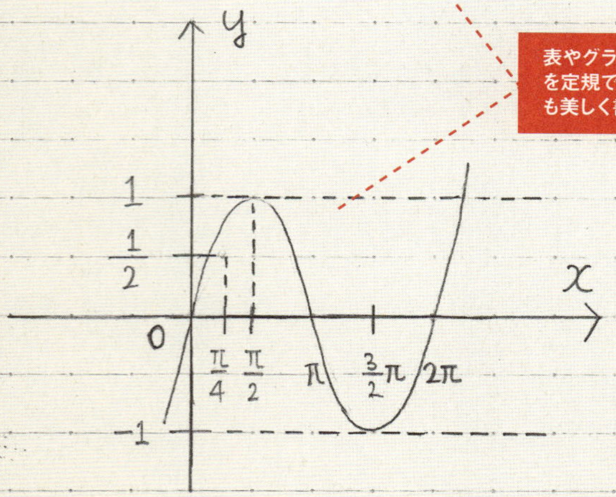

表やグラフの目盛りを定規で測らなくても美しく書ける！

コレ！

「ドット入り罫線」のポイント

罫線の上に等間隔に入ったドット

↓

縦の罫線があるように使える

↓

文頭が揃うし、図もきれいに書ける

↓

だから「東大ノート」に最適！

東大生のぞき見コラム③

続 トウ子とダイ助の東大物語

そして試験前日―― ⑧
着いた〜
ホテルはどこやろか？ ⑨
ダイジョ〜ブ ダイジョ〜ブ
1日早く来て学校の下見とかした方がよかったんじゃない？
すいません。加湿器の用意はありません
フロント
あの〜、テーブルライトと加湿器貸してもらえます？ ⑩
う〜ん、加湿器ないけど、まぁ大丈夫やろう
⑪
ついに試験当日――
早めに来てよかったわ。ダイ助だいじょうかな
テレビ？
○×予備校
すごい人！
イガイガ
目覚まし2つ
いよいよ明日。準備は万全。おやすみダイ助❤
う〜ん、やっぱり乾燥してきたわぁ ⑫
その頃……
アッ
あっ、こっちは逆向きのホームやった！ ⑬
ノドが……

⑧ 地方生の受験上京は、2日前がベスト。「アウェイ対策を制する者が受験を制する！」というのが多数の地方現役合格生の言葉。前日は、試験時間に合わせてホテルを出発し、受験会場の下見をすべし

⑨ ホテルの場所を調べておくのはマスト！

⑩ ホテルに着いてから尋ねるようでは遅い！ 予約時には以下のことを確認しよう
・最寄駅までの時間
・コンビニがあるか
・環境の騒がしさ度
・勉強できる机の有無
・電気スタンドの有無
・加湿器の貸し出し
・弁当の用意は頼めるか

⑪ ホテルに持っていかずに後悔したもの。「目覚まし時計2つ／ツメ切り／気晴らしの本・漫画／音楽プレーヤー／普段食べていたサプリメント／路線図」

⑫ 乾燥する部屋に泊まる場合は、浴室の戸を開けておくか、湿らせたタオルを部屋に吊るして眠ると効果的

⑬ 最もトラブルのもとになりやすい電車。以下のことに注意
・朝のラッシュ時の混雑
・切符は当日購入（実際、前日に買ってしまって当日改札を通

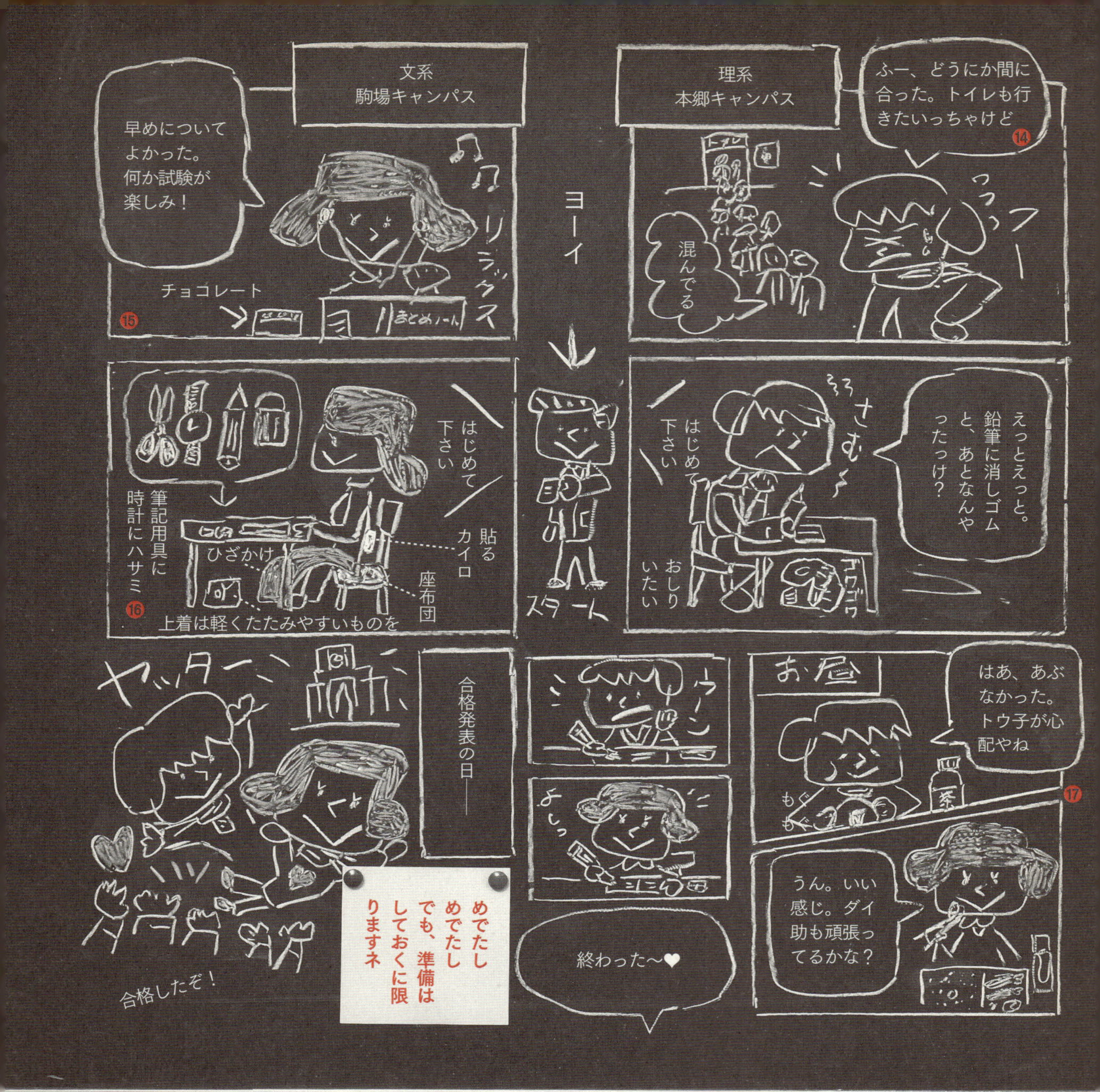

れず焦った人も）
・乗り継ぎの仕方を確認
・急行／特急／各停がある
・反対方向の電車に乗らない
⑭小さなトラブルが、大きな動揺のもと！
・開門時間前に来ても構内へは入れないので、寒い中、長く待つはめになった
・鞄の中が整理されておらず、受験票を取り出すのに手間取った
・トイレが少なく異常に混む
・ウォークマンの音楽が試験中大音量で流れだした
・足元に置かねばならない上着がかさばりすぎて、試験中気が散った
・会場の椅子は想像以上に硬い
⑮試験会場に持って行ってよかったもの。「お守り／良かった模試の結果／音楽プレーヤー／カイロ／小銭入れ／薄手のひざかけ／薄手の上着／チョコレート／その他のお菓子／飲み物／漫画／ゲーム機」
突飛なことをせず、いつもの環境を演出するのがポイント
⑯受験票・筆記用具・時計・ハサミは絶対忘れずに！
⑰昼食は弁当を用意するかコンビニで買ってくるのがヨイ
みんな、合格の秘訣は焦らないってことに尽きたのかも！

第三章 "とうだいのおと"の黄金ルール

「7つの法則」この黄金ルールを使って実際に美しいノートをつくってみたい。
この法則を身につけた東大生にも生物の授業ノートをとってもらった。
さらに英語、国語、数学の主要教科のお手本ノートを徹底的に解剖してみる。

もう一度おさらい

とうだいのおと

東大ノート7つの法則

第三章で解説するノートには、いろいろな所に「7つの法則」が使われています。ここで、もう一度「7つの法則」をおさらいしてみましょう。

法則1

と

とにかく文頭は揃える

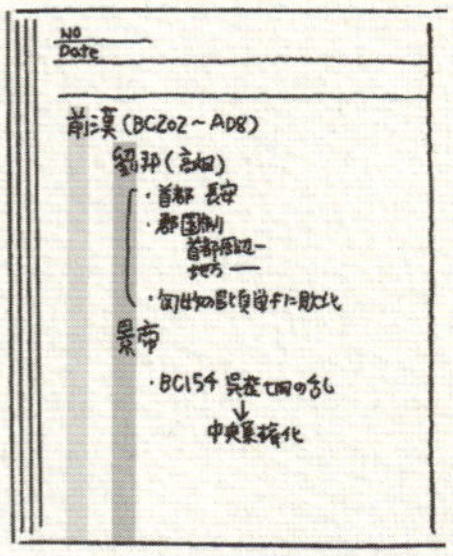

法則2

う

写す必要がなければコピー

法則3

だ

大胆に余白をとる

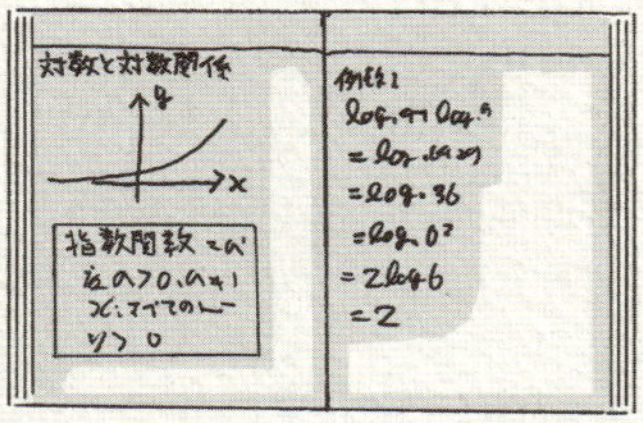

法則4

い

インデックスを活用

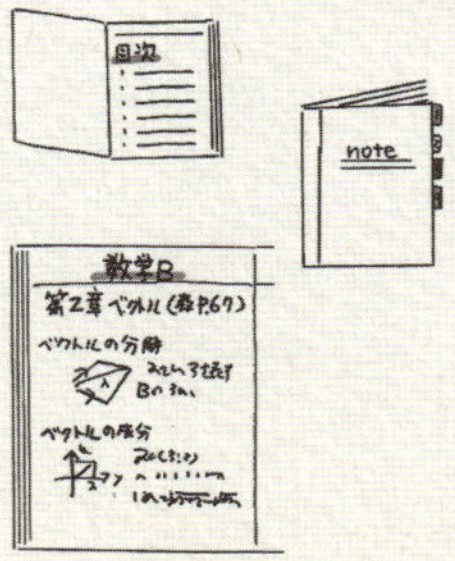

法則5

の

ノートは区切りが肝心

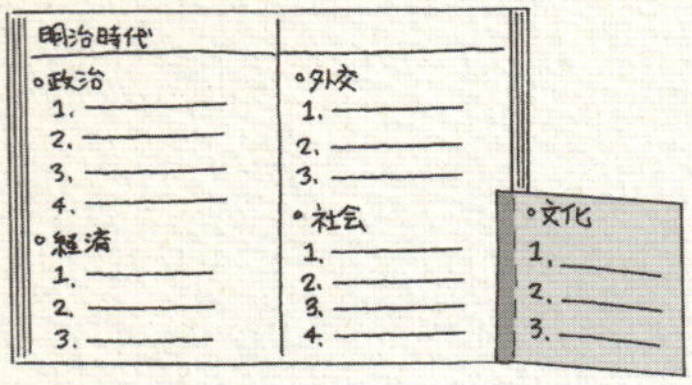

法則6

お

オリジナルのフォーマットを持つ

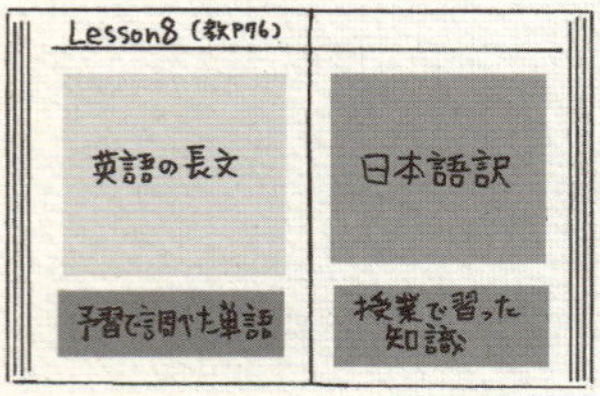

法則7

と

当然、丁寧に書いている

授業ノートのつくり方。

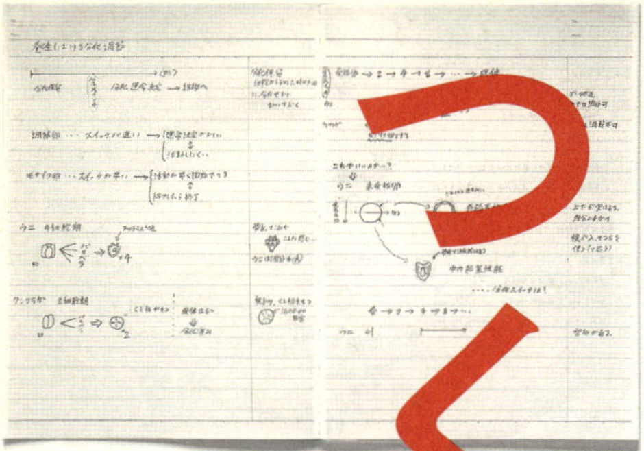

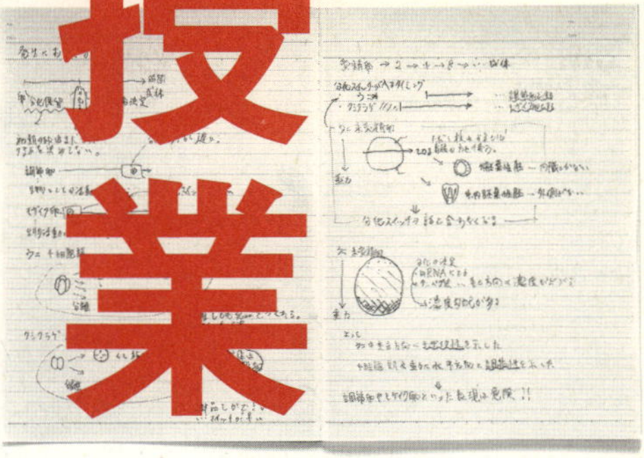

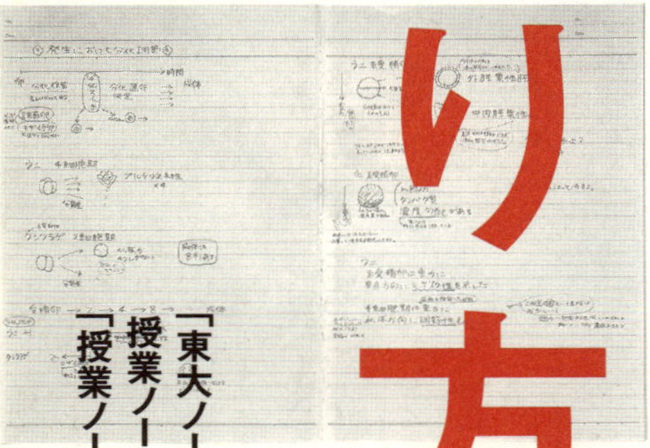

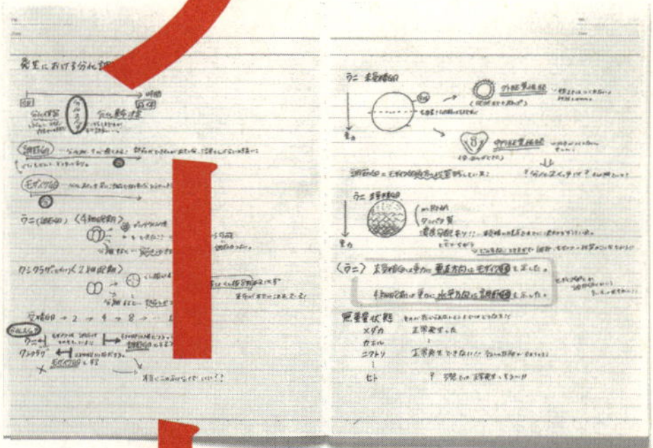

「東大ノート」への一歩は、充実した授業ノートから。特別な勉強をしなくても、授業ノートでの〝ひと工夫〟が、合格へつながっていくのだ。ここではまず、「授業ノートとり比べ」を見ることから、その〝ひと工夫〟に迫ってみたい。

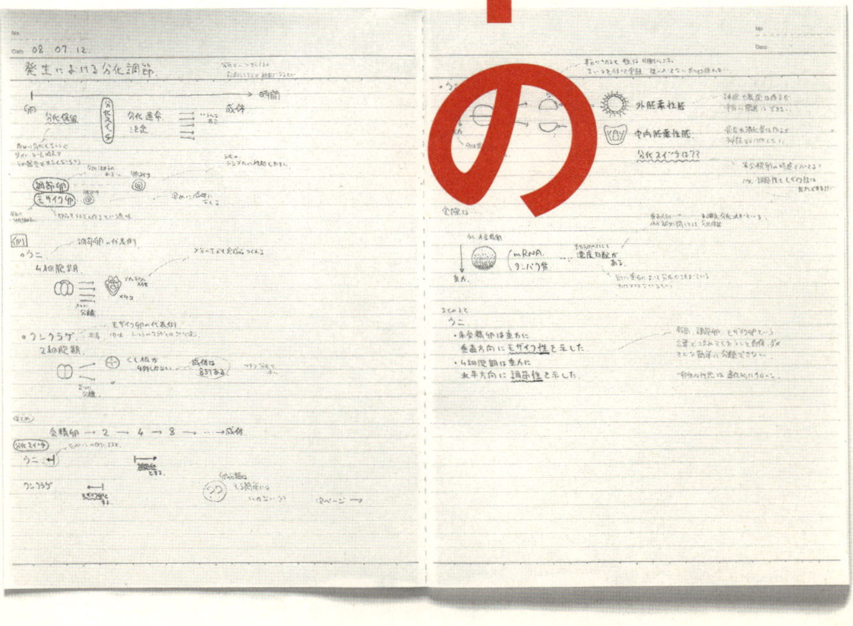

東大生 工学系研究科 修士課程1年
中村充
得意科目は物理、苦手科目は国語。生物は選択していなかった。現在、大学院では、二酸化炭素を原料としたプラスチックを研究中

埼玉県立所沢高校3年
宮里名望子
得意科目は生物と日本史、体育。苦手科目は英語。一番熱中したのは体育祭。将来の夢は「法律関係の勉強がしたい」

埼玉県立所沢高校3年
斉藤奈々
得意科目は日本史と体育。生物は好きだけど苦手。バトン部と新体操部に熱中。将来の夢は「メディア関係の仕事に就くこと」

業を受けてみよう！

東京大学教育学部附属高校３年
本間大樹
生物は好きな科目。得意科目は家庭科、苦手科目は数学。バンド活動に燃える高校生活を送っている。将来の夢は「農家になりたい」

東京大学教育学部附属高校３年
鈴木郁也
生物は得意科目。人間や他の生物の仕組みに興味がある。苦手科目は英語。将来の夢は「生物関係の知識を扱う仕事に就きたい」

授業ノートのとり方実況中継！

「東大に現役合格する子はノートを見ればわかります」と断言する先生の授業を、４人の受験生と１人の東大生が受け、それぞれノートをとってもらいます。果たして仕上がりはどう違うのか？　乞うご期待！

東大生と一緒に授

本日の授業　生物

発生における分化調節

今日は、「発生における分化調節」のお話をします。受精卵から成体へ向かう途中で、細胞がのちにどの器官や組織になるか運命を決める「分化スイッチ」が入ります。ここからそれぞれの細胞は運命に従って分化を始めるのです。それ以前の細胞の運命が決まっていない時期を「分化保留」と言います。

ウニは4細胞期だと、4つの細胞それぞれが成体になることができるため、まだ「分化スイッチ」は入っておらず「分化保留」の時期にあります。クシクラゲは、2細胞期の段階でもうすでに「分化スイッチ」が入っています。ウニのように「分化保留」の時期が長いものを「調節卵」、クシクラゲのように早い段階で「分化スイッチ」が入っているものを「モザイク卵」と言います。

と、教科書には書いてあるのですが、こう結論づけて本当にいいのでしょうか？

こんな実験結果があります。ウニの未受精卵を、重力方向に2つに切り、それぞれに精子を受精させると発生した成体がまったく別のものになったのです。こうなるとウニは、未受精卵の時期に「分化スイッチ」が入っていることになる。先ほどの話とどう整合性をつけましょうか？

実は、そこには重力が関係しています。卵の中にある物質のmRNA（細胞中のタンパク質にDNAの情報を伝える役割を持つ）や細胞内のタンパク質の一部は、重力の方向に対して濃度勾配があるのです。どうして4細胞期の一つひとつの細胞が成体になれたのかというと、重力に垂直方向にだけ分化が決まっていて、水平方向に関しては、分化保留の状態だから。つまり、卵自体に「調節卵」の性質と「モザイク卵」の性質が並行して存在しているのです。

授業のポイント
「分化スイッチ」は一度に入るのではなく、「モザイク卵」の性質と、「調節卵」の性質は共存している！

授業の前に

東大に現役合格する人の「授業ノート」とは

麻布高校からは毎年100名近くの学生が東大に合格します。教師になって23年、ノートを見るだけで、東大に現役合格できるかどうかがわかるようになりました。ここでは、現役合格する生徒のノートから、いい授業ノートのとり方を教えたいと思います。

まず、「①板書の部分」と「②教師の話を書く部分」、そして「③自分の疑問や考えを書く部分」の3つが区別できるように書くことが大切です。その中でもいちばん大事なのは③。授業中、疑問に感じたことを書き、解決しておかないと、後々「ま、いいか」になってしまいます。

また、感じたことや考えたことをちょっと入れておくだけで、見直すときに、記憶を引き出すきっかけに

なります。

３つを同時にやることは大変なことです。しかしこの３つの作業をうまく整理し、授業内にこなしていける生徒は、かなりの確率で現役合格していきます。とはいえ、なかなか実行できない人もいるでしょう。でもそれは、能力の違いではなく意識の問題。やろうと思えば、少しずつでもノートに反映されてくるはずです。よくないのは、板書を写すだけに精一杯になり、頭を使わない「板書マシーン」になってしまうことです。

授業ノートは、まとめノートと違い、美しい完成品をつくろうと思わなくてもいいのです。授業を受けながら常に、「何でも書き込もう」「これは何だろう」という気持ちを持ち、ひっかかったことをどんどん拾ってノートに書いてもらいたいですね。

それでは、本日の授業を受けた生徒たちのノートを見ていきましょう。

重要な部分は囲む　本間大樹くんのノート

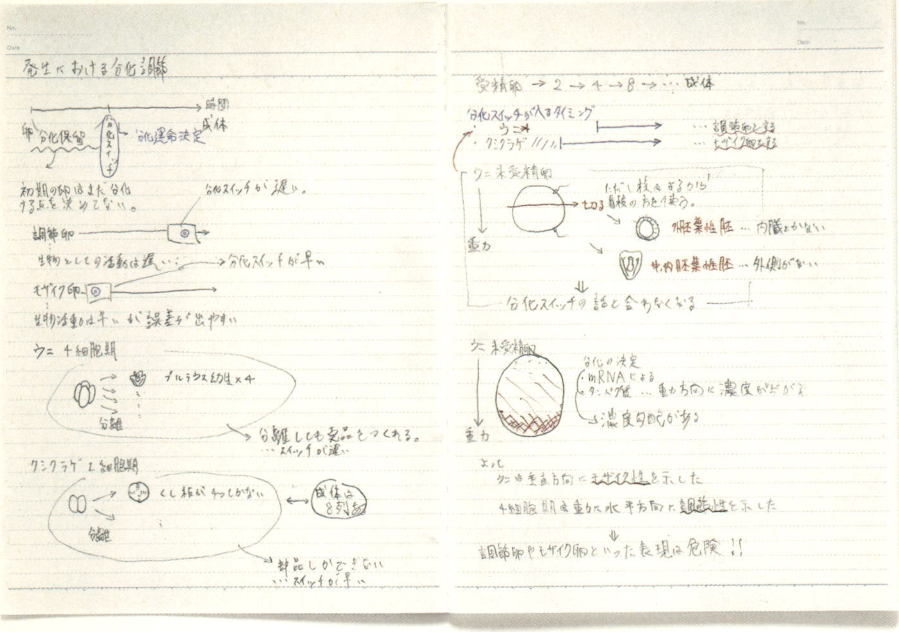

授業を聞いていて、「ここが重要だ」と思ったところはペンで書いたり、囲ったりするようにしています

項目を分けるとより整理されます

板書も話したこともきちんと書いてありますね。ただ、すべてが一緒くたに書かれているので、見直したときに混乱することがあるかも

2つのパーツに分ける　鈴木郁也くんのノート

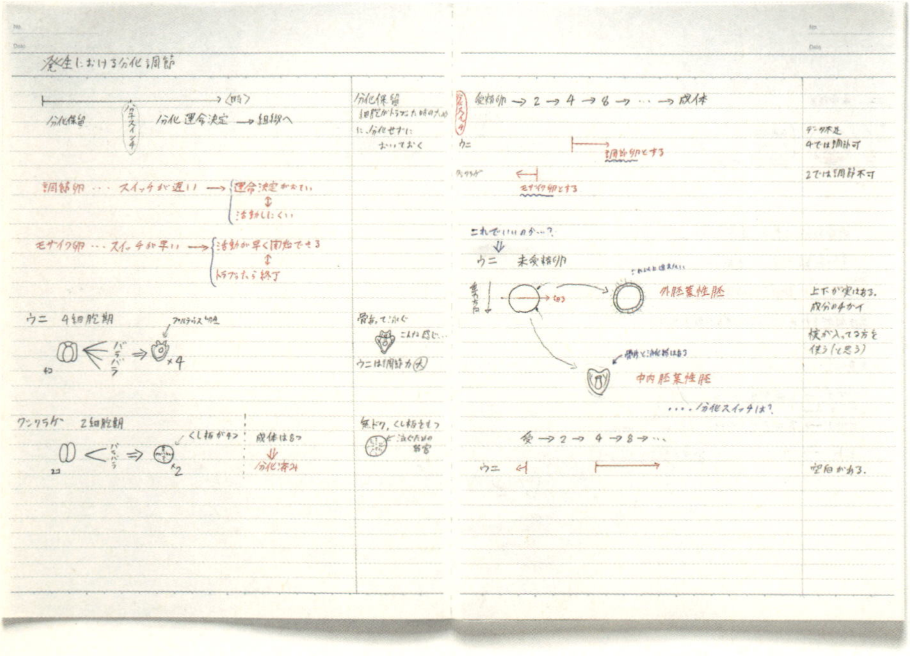

重要な部分は色分けをして、板書以外のコメントを書くためのスペースを右端につくって書いています

平均点以上のノートです！

ラインで分けているところがすごく見やすくていいですね。板書とメモが並行して書かれているので少しわかりづらいかな。それでも平均点以上のノートです

丁寧に書かれた 斉藤奈々さんのノート

高3になり授業のペースが速くなったので、色ペンはそんなに使わず、その分メモを書くようにしています

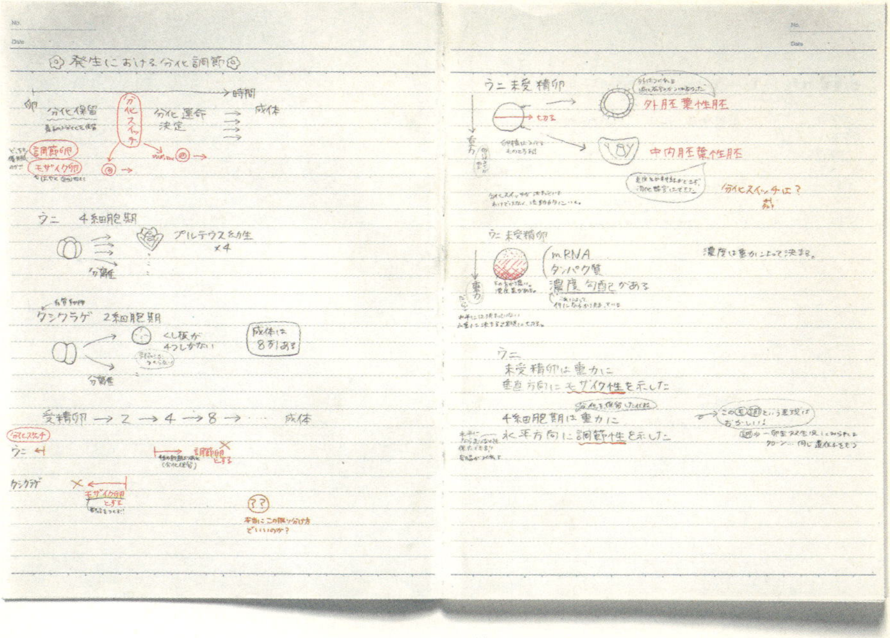

とても読みやすいノートです！

前半部分に、板書＋αの部分をもう少し書き込むと情報量は増えるでしょう。しかし、後半はきちんと書かれていますね。とても見やすいノートです！

コメントが細かい 宮里名望子さんのノート

自分が理解するために、「これはこういうことだよ」というふうに、メモを書き込んでいくようにしています

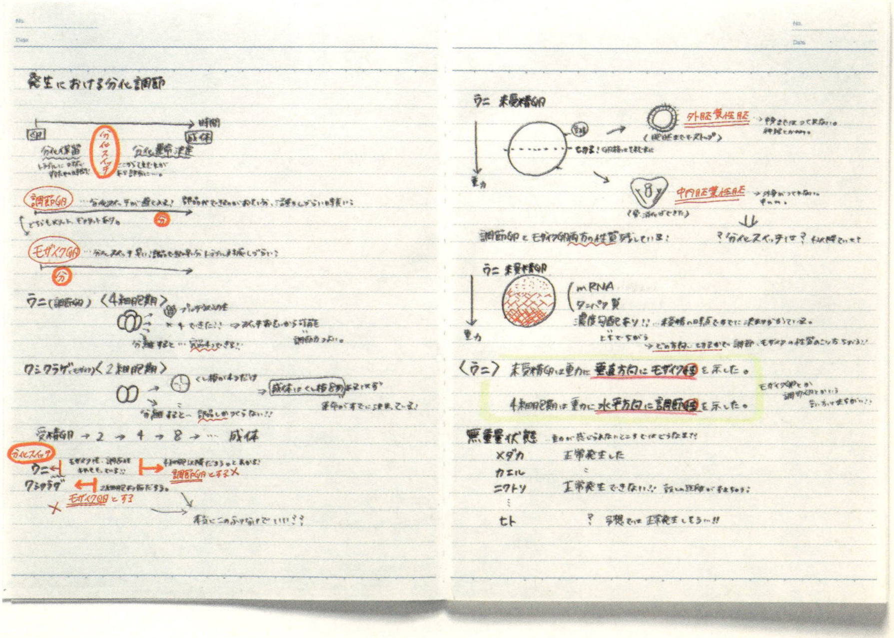

メモが細かく要点がわかるノートです

授業の流れがわかるようにメモが細かく書かれているので要点がわかるノートです。疑問なのか説明なのか、メモの内容を整理するともっと見やすくなりますよ

東大生 中村充くんのノート

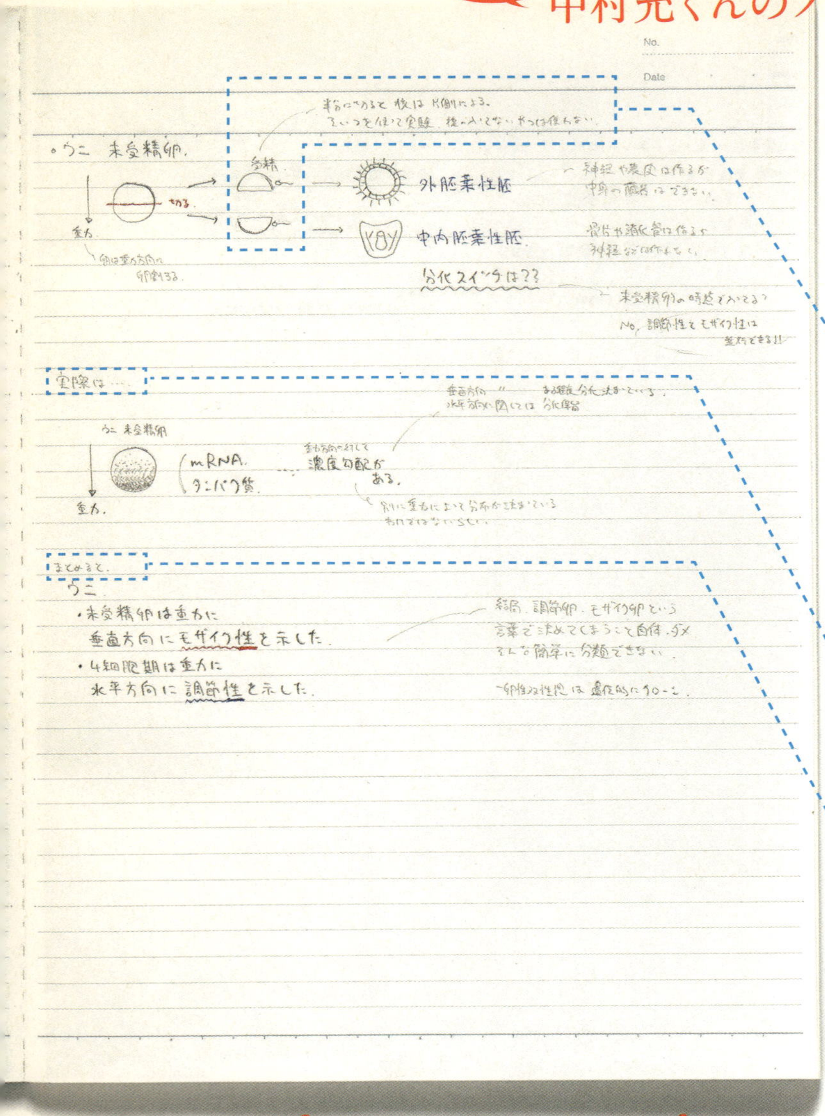

余白を多くとり、メモを板書より薄く書くことが基本ルール。これは高校から今まで変わらず続けています

疑問点は逃さずに書き込んでいる！

授業中に「核はどちらに入るか？」という質問をしていましたが、その答えを書き、オリジナルのイラストを付け加えています。疑問点は逃さない姿勢がいいですね

短い文章で授業の流れをつないでいる！

授業の流れをつかむ上でポイントとなる部分に、「実際は」や「まとめ」などの短い文章を書くことで、授業の流れをつくり上げている。流れを意識したノートです

ここが素晴らしい！！

法則4 い インデックスを活用

法則5 の ノートは区切りが肝心

情報を失わない努力がつまったノート

授業中に、流れを意識しながらこれだけの情報量を書き込めるというのは、高い能力ですね。メモは薄く、どこのものかを明確にすることで「板書」と「教師の話」がきちんと整理されています。ノートは見直すと必ず失われた情報があるんですが、それを極力減らすための小さな努力がたくさん見られます。**特に素晴らしいのは「まとめると」という一言を書き加えていることです。これにより、最も重要な「授業のポイント」**（80ページ参照）**が、復習のときにも一目でわかります。**テスト前にまとめ直す必要のない完成度です。

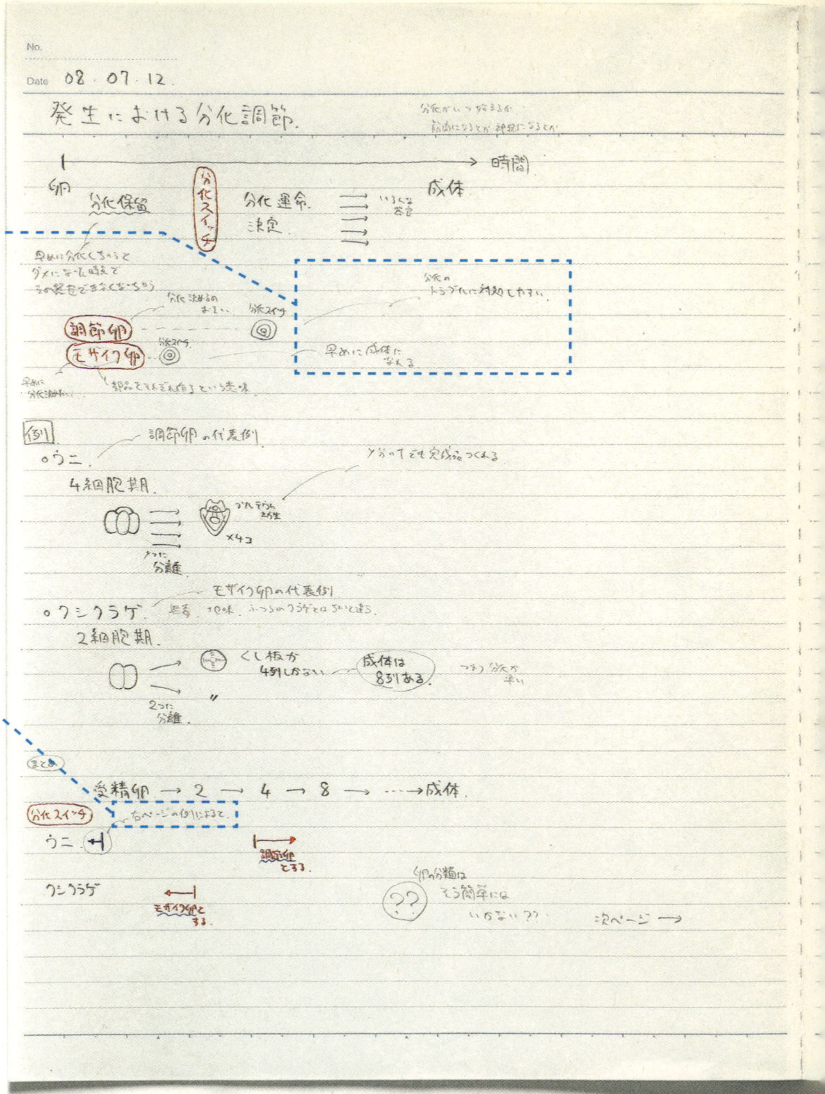

メモを薄く書くことで情報量を減らさない！

どこを指しているのかわかるようにラインを引きメモを入れているので、位置関係がわかりやすいです。また、薄く書くことでペンを持ち替える時間の節約になります

授業の矛盾点を補う一言が入っている！

ウニに関して矛盾する２つの実験結果について、その矛盾点を補うコメントをひと言書き加えています。この書き込み一つで、あとから見直したときに授業の流れを追うことができます

余白が多いのであとから情報を書き込める！

板書を左側に寄せ、ページ全体に詰めないで、余白を多くとって書いています。ノートが見やすくなるだけでなく、あとから情報を書き加えることができますね

このノートに使われている「７つの法則」

法則１ と **とにかく文頭は揃える**

法則３ だ **大胆に余白をとる**

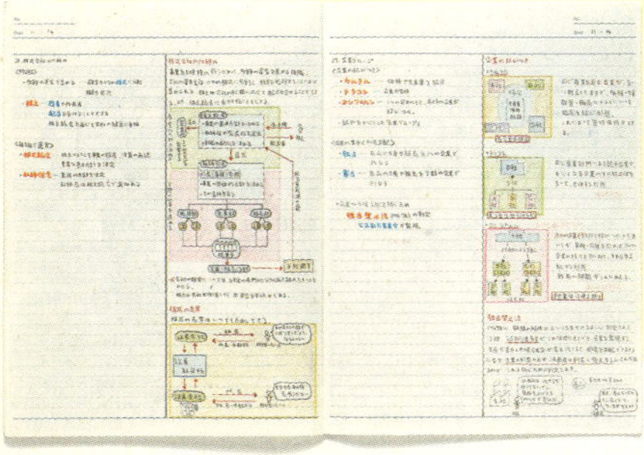

中村くんの中3の公民のノート。左端に寄せて書くのは半分に分けて書いたこのノートが原点

「未来の自分に気を遣う」ノート

あとから見直したときに授業の流れが再現でき、疑問点がなくなるように心がけています。板書だけを書いていても、つながりがわかりづらいことがあります。だから、そこに先生の説明などメモを付け足すことで、流れが明確になり、内容がより詳しくなる。ノートを見直す未来の自分のために、気を遣いながら授業ノートを書いています。

授業を終えて

斉藤　中村さんの隣だったんですけど、すごいいっぱい書いてて書き出す瞬間も速いし、いつ話を聞いているのかすごく気になりました（笑）。

本間　聞きながら、考えながらノートを書いていると、話が先にいっちゃったりするんですよね。

中村　メモは、見栄えは気にしないで殴り書きにしてる。板書は、黒板が消されるまでに写せばいいし、最悪、友達にノートを見せてもらえばいい。だから、メモの方を大事にした方がいいと思いますね。

宮里　わからないところがあると手が止まってしまう。どこまでメモをとればいいのか判断ができません。

中村　判断かあ……。聞き逃したら僕は思い切って流します。「あれ？」って思い始めると授業に集中できなくて、どんどん後手後手になってしまう。次の内容に集中したほうが、全体の理解度は上がると思うんですよ。とりあえず疑問点は〝？〟を入れておくかな。

鈴木　「疑問点を書く」ということは、これからの勉強に有効ですね。

本間　自分のノートはメモと板書を分けて書いてないんですよ。そこを気をつけて書いていきたいなと思いました。

宮里　わからなかったら一旦捨てる、というのは今後も使っていけそうです。

斉藤　疑問点を書くって大事なんですね。あと、中村さんを見ていて、慣れって大事なんだと思いました。

原口　授業ノートは、板書を写し、話を聞いて、自分の考えを書くという意識を持っていればそんなに難しいことではないと思います。この習慣を身につければ、同じ授業を聞いても2倍、3倍にも自分のものにできるはずです。頑張ってくださいね。

東大生のぞき見コラム④

東大ノート昔ばなし

50年前のノートも美しかった。

50年ほど前に東大に進学した一人の男性が、「後輩のためになれば」と母校の麻布高校に残した「東大ノート」は、時代を超えて美しいノートだった。

（22ページ参照）

「当時、ノートといえばA５サイズのことを言いました。東大生になって初めて、B５サイズの〝大学ノート〟というものがあることを知りました」と中山さん

持ち主の中山忠光さんは現在64歳。当時の思い出を話してくれた——。

ああ、懐かしいですね。ノートをめくると、この授業をしてくださった先生の、ゆったりとして鼻にかかった声まで思い出されます。

ノートづくりのこだわりですか？もうあんまり覚えていないのですが、そういうことは意識してなかったんじゃないでしょうか？ ただただ、授業の板書と先生のお話が書いてあるだけです。色づかいもほとんど黒板の通り。でも、イラストは他の人よりも得意だったのでできるだけ丁寧に描きこみました。

当時、生物も物理も学校の授業は大学の教養課程レベルだという噂がありましてね、当時の先生方は本当に素晴らしい授業をしてくださいました。そんな先生方に申し訳ないという気持ちで、受験が終わったあとも捨てられなかったんです。それで、いちばん気に入っていた生物のノートは何かの足しになればと思いましてね、あるとき、高校にふらりと行って、置いてきました。他のノートもここまで捨てずにいたのは私の大いなる怠け癖によるものかもしれませんね。

これらのノートは、私の頭の一部分とでもいいましょうか。人生において知識を蓄えていく楽しみを知るきっかけになってくれましたね。

中山忠光（なかやまただみつ）
神奈川県在住。麻布高校出身。1963年東大入学、農学部に進む。同大学大学院を経て、化成品をつくる会社で研究職として勤め、現在は退職

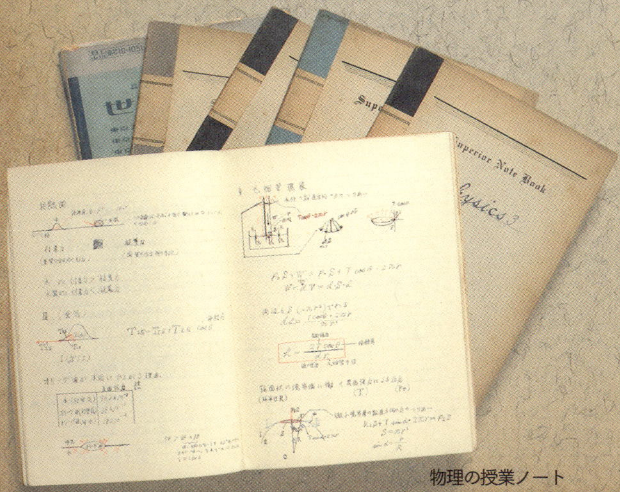

物理の授業ノート

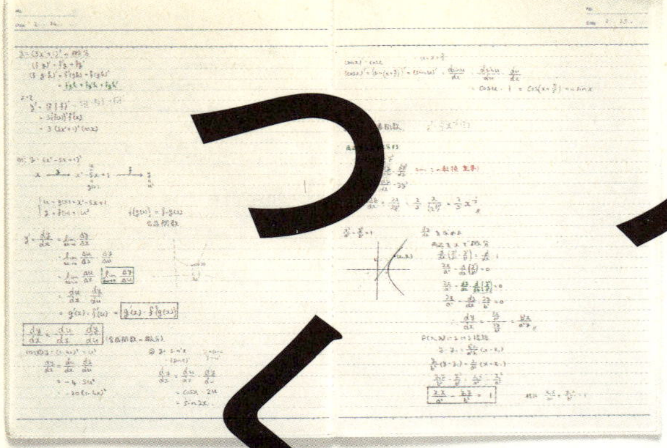

英語 数学 国語 ノートのつくり方。

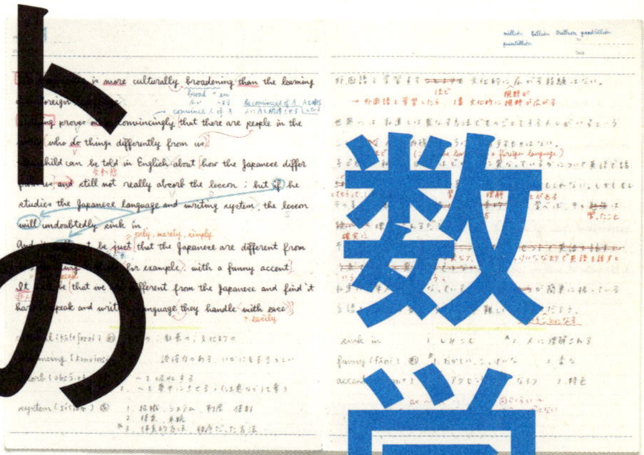

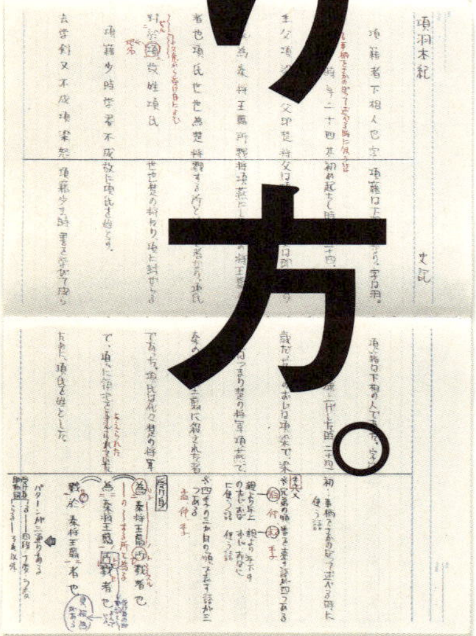

ここからは、主要3教科の「東大ノート」のつくり方を紹介します！
どのノートも、「7つの法則」を活かしながら
効率よく勉強できるように考え抜いてつくられています。
一見複雑に見えるかもしれませんが、実は、構成はとてもシンプル。
きっとあなたのノートにもすぐに取り入れることができます。

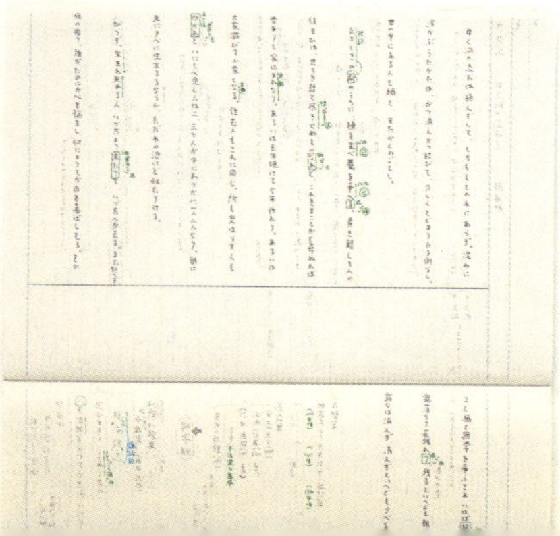

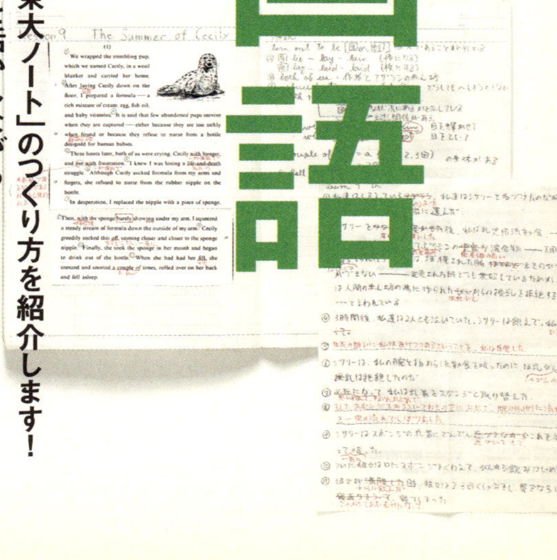

HOW TO MAKE
ENGLISH
NOTEBOOKS

英語

予習・授業・復習を想定し、自分のフォーマットを見つける。

東大入試の長文読解の問題には、高校の教科書を使った勉強だけでは太刀打ちできないと考えている人は多いかもしれない。しかし「東大ノート」を書いて合格した東大生たちは、「授業をきちんと受けることで、入試に必要な力をつけた」と答えている。

長文読解（リーダー）のノートについては、教師が学期の初めに使い方を指示することもある。それに忠実に従ってノートづくりをするというのもひとつの方法だが、東大合格生は、その指示の中でも自分にとって不必要な部分はカットし、自分の勉強法に必要な独自のやり方を加えながらノートをつくっていた。

まず、彼らが長文読解のノートに書く際は、**「予習」「授業」「復習」の3つの場面を考え**ていた。予習の段階では、授業で書き込みができるスペースをつくっておいたり、授業中には、復習でノートを見直すことを考え重要な部分を目立たせて書くなど、**この先どのようにノートを使うかを常に想定している。**そして英文が長すぎて書き写す時間がないと思えば、コピーをして貼り、コピーの下の部分には調べた単語の意味を書くスペースをつくっておく。また、授業中に教師の解説を聞きながら、予習の段階ではわからなかった部分を、用意しておいた余白に書き込んでいく。**復習の段階で効率的に見直すために、自分の勉強スタイルに合うフォーマットを探っていくことが大切だ。**フォーマットが決まってしまえば、それにのっとって勉強をするだけでいいので、効率も上がり、力もつく。

余談になるが、教科書には書き込みをしないできれいなままで残しておくと、自分の力で読めるかチェックすることができる。高校３年生の1年間、書き込みのない教科書を毎日読み続けることで、偏差値を10以上あげたという東大生がいた。

ごく一般的な高校の長文読解の授業でも、ノートのとり方次第で受験のための力をつけることができる。では、次のページから、東大合格生の英語の長文読解のノートを2冊紹介する。

HOW TO MAKE ENGLISH NOTEBOOKS

授業の解説を細かく書き留める

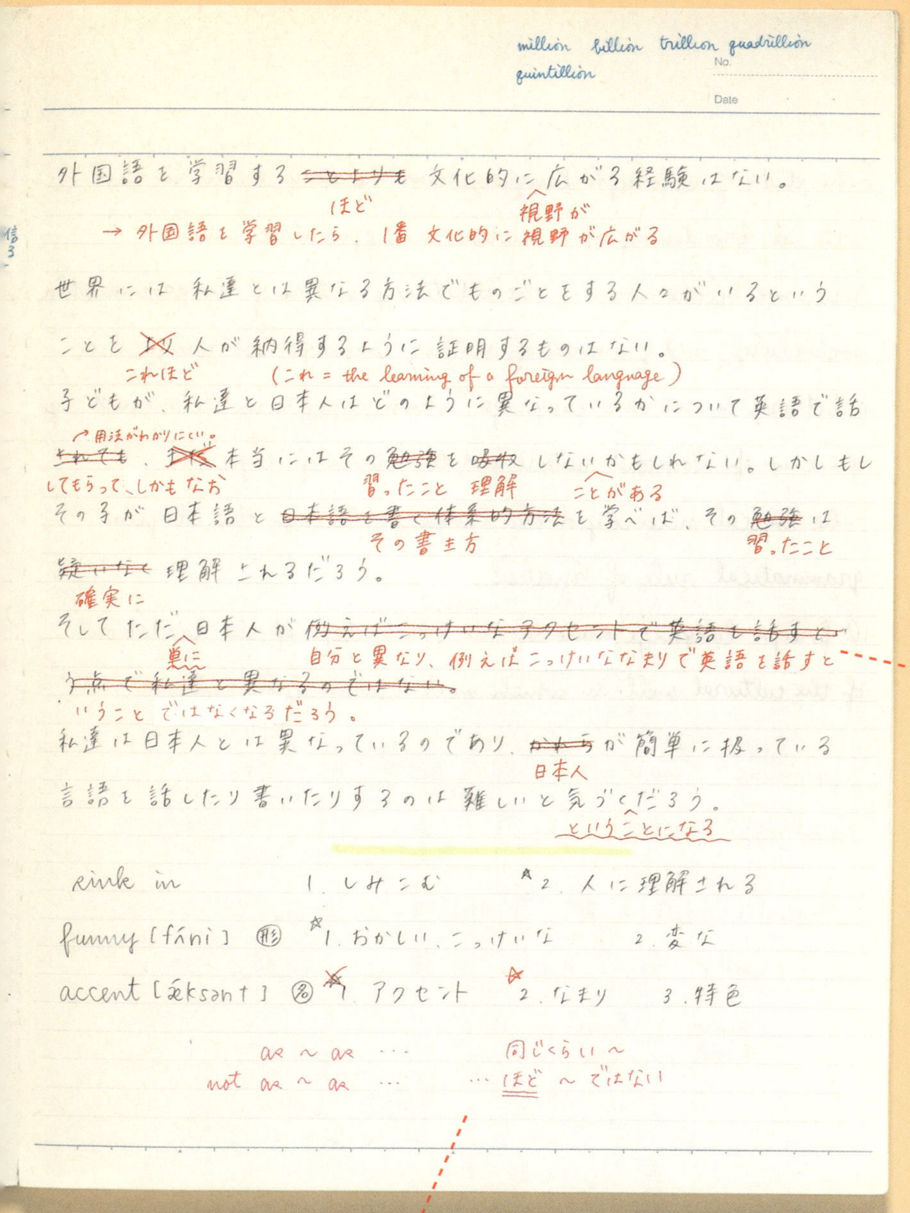

million billion trillion quadrillion quintillion
No.
Date
外国語を学習する ことよりも 文化的に広がる経験はない。
ほど 視野が
→ 外国語を学習したら、1番 文化的に視野が広がる
世界には私達とは異なる方法でものごとをする人々がいるという
ことを 人が納得するように証明するものはない。
これほど (これ = the learning of a foreign language)
子どもが、私達と日本人はどのように異なっているかについて英語で話
↗用法がわかりにくい。
本当にはその勉強を吸収しないかもしれない。しかしもし
してもらって、しかもなお
習ったこと 理解 ことがある
その子が日本語と日本語を書く体系的方法を学べば、その勉強は
その書き方 習ったこと
理解されるだろう。
確実に
そしてただ日本人が例えばこっけいなアクセントで英語を話すと
単に 自分と異なり、例えばこっけいななまりで英語を話すと
いう点で私達と異なるのではない。
いうことではなくなるだろう。
私達は日本人とは異なっているのであり、かれらが簡単に扱っている
日本人
言語を話したり書いたりするのは難しいと気づくだろう。
ということになる
sink in 1. しみこむ 2. 人に理解される
funny [fʌ́ni] 形 1. おかしい、こっけいな 2. 変な
accent [ǽksənt] 名 1. アクセント 2. なまり 3. 特色
as ~ as … 同じくらい~
not as ~ as … …ほど~ではない

Point 5

訳は1~2ラインあけて書き、赤ペンで修正する

予習では訳は鉛筆で書き、授業中に正しい訳を聞きながら赤で修正。間違えた箇所には採点するつもりで二重線や×を入れると、できなかった箇所が明確になる

Point 4

余白には、教師の解説や板書を書き込む

右ページの下の余白には、教師の解説や新しく出てきた知識、熟語などを書く

このノートの構成

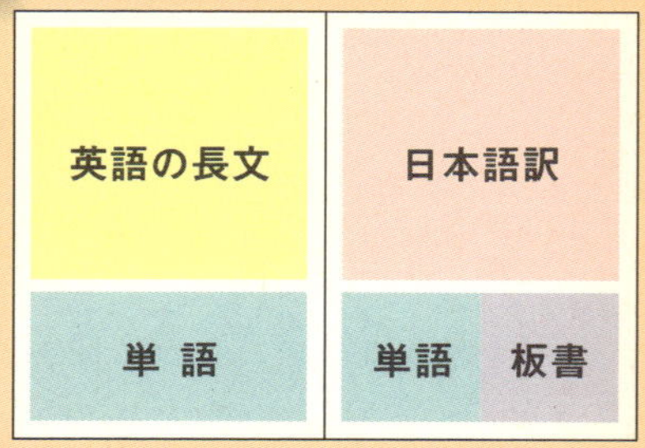

英語の長文
単語
日本語訳
単語
板書

このノートに使われている「7つの法則」

法則6 お オリジナルのフォーマットを持つ

法則7 と 当然、丁寧に書いている

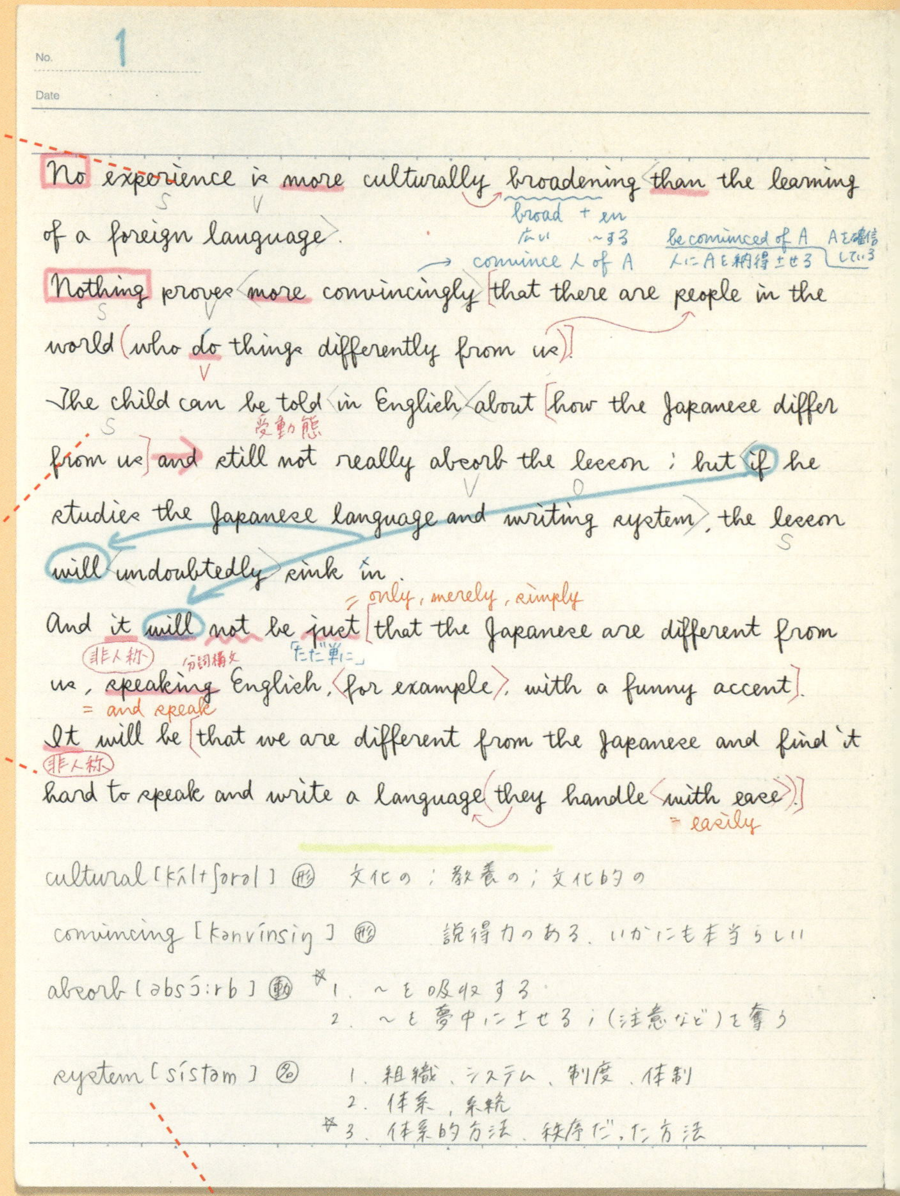
No. 1
Date

No experience is more culturally broadening than the learning of a foreign language.
Nothing proves more convincingly that there are people in the world who do things differently from us.
The child can be told in English about how the Japanese differ from us and still not really absorb the lesson; but if he studies the Japanese language and writing system, the lesson will undoubtedly sink in.
And it will not be just that the Japanese are different from us, speaking English, for example, with a funny accent.
It will be that we are different from the Japanese and find it hard to speak and write a language they handle with ease.

broad + en
広い ～する
convince 人 of A
be convinced of A Aを確信している
人にAを納得させる
受動態
= only, merely, simply
非人称
分詞構文
「ただ単に」
= and speak
非人称
= easily

cultural [kʌ́ltʃərəl] 形 文化の；教養の；文化的の
convincing [kənvínsiŋ] 形 説得力のある、いかにも本当らしい
absorb [əbsɔ́:rb] 動 ☆1. ～を吸収する
2. ～を夢中にさせる；(注意など)を奪う
system [sístəm] 名 1. 組織、システム、制度、体制
2. 体系、系統
☆3. 体系的方法、秩序だった方法

Point 1
本文は、黒ペンで覚えるつもりで写す

本文は、授業中の書き込みを考え、黒ペンで1～2ラインずつあけて写す。覚えるつもりで声に出しながら写すといい。時間がない場合は、コピーをして貼る

Point 2
予習は鉛筆で、授業の解説は色分けで書く

予習では鉛筆で主語（S）、熟語動詞（V）や文の切れ目にスラッシュなどを入れながら長文を読み、教師の解説に合わせ、構文や熟語、同義語などを色分けすると構造が理解しやすくなる

Point 3
調べた単語は意味と発音記号を書く

調べた単語の主な意味をいくつか書き、本文で使った意味には★印をつける。センター試験対策にもなるので、発音記号は書いておく

さらにノート力UP!ポイント

最低限、わからない単語の意味は書いておくこと

予習をする時間がどうしても足りないこともある。だからと言って何もせずに授業に臨んでは時間の無駄になる。そういうときは①長文をざっと読み ②訳し方がわからない部分に印を入れておき ③知らない単語の意味だけでもノートに書いておくとよい

HOW TO MAKE ENGLISH NOTEBOOKS

1文ずつナンバリングし訳は別紙に書く

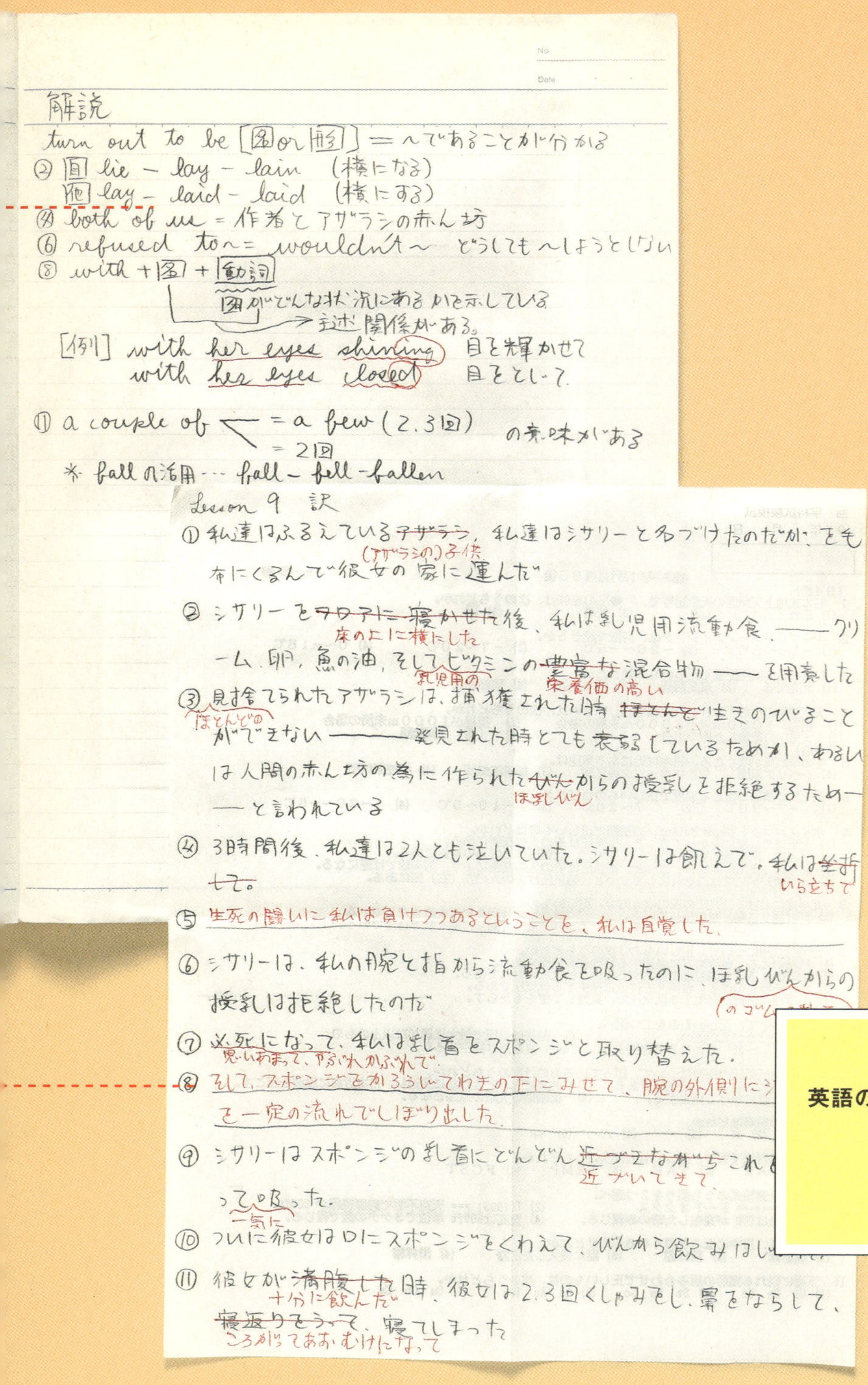
解説
turn out to be [名 or 形] = ～であることが分かる
② 自 lie - lay - lain (横になる)
他 lay - laid - laid (横にする)
④ both of us = 作者とアザラシの赤ん坊
⑥ refused to～= wouldn't～ どうしても～しようとしない
⑧ with + 名 + 動詞
名がどんな状況にあるかを示している
主述関係がある。
[例] with her eyes shining 目を輝かせて
with her eyes closed 目をとじて
⑪ a couple of = a few (2.3回) の意味がある
= 2回
※ fall の活用 … fall - fell - fallen
Lesson 9 訳
① 私達はふるえているアザラシ、私達はシサリーと名づけたのだが、をも布にくるんで彼女の家に運んだ
(アザラシの)子供
② シサリーをフロアに寝かせた後、私は乳児用流動食 ―― クリーム、卵、魚の油、そしてビタミンの豊富な混合物 ―― を用意した
床の上に横にした
乳児用の
栄養価の高い
③ 見捨てられたアザラシは、捕獲された時ほとんど生きのびることができない ―― 発見された時とても衰弱しているためか、あるいは人間の赤ん坊の為に作られたびんからの授乳を拒絶するため ―― と言われている
ほとんどの
ほ乳びん
④ 3時間後、私達は2人とも泣いていた。シサリーは飢えて、私は挫折して。
いら立ちで
⑤ 生死の闘いに私は負けつつあるということを、私は自覚した。
⑥ シサリーは、私の腕と指から流動食を吸ったのに、ほ乳びんからの授乳は拒絶したのだ
⑦ 必死になって、私は乳首をスポンジと取り替えた。
思いあまって、やぶれかぶれで
⑧ そして、スポンジをかるうじてわきの下にみせて、腕の外側に沿って一定の流れでしぼり出した。
⑨ シサリーはスポンジの乳首にどんどん近づきながらこれを吸った。
近づいてきて
一気に
⑩ ついに彼女は口にスポンジをくわえて、びんから飲みはじめた
⑪ 彼女が満腹した時、彼女は2.3回くしゃみをし、鼻をならして、寝返りをうって、寝てしまった
十分に飲んだ
ころがってあおむけになって

このノートの構成

- 英語の長文
- 板書・解説
- 日本語訳

このノートに使われている「7つの法則」

- 法則1 と とにかく文頭は揃える
- 法則2 う 写す必要がなければコピー
- 法則4 い インデックスを活用
- 法則5 の ノートは区切りが肝心
- 法則6 お オリジナルのフォーマットを持つ

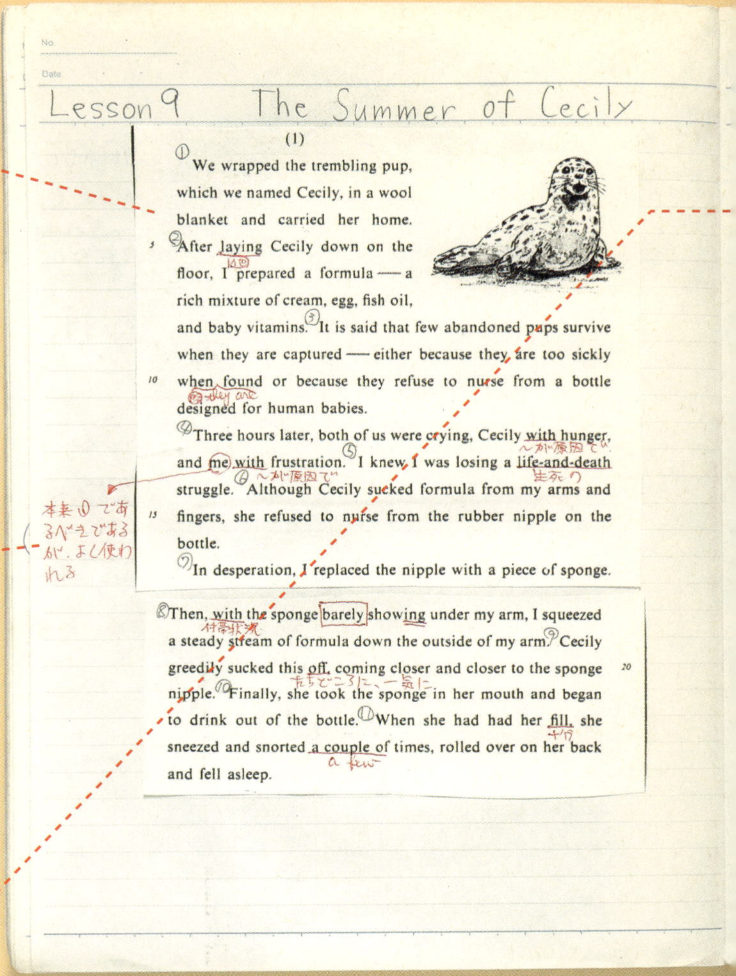

Point 1
本文は教科書をコピーして貼る

教科書をコピーして貼り、1文ずつナンバリングをする。これがこのノートづくりの基本。ナンバーに合わせて、訳や解説を書いていく。また、予習で調べた単語は、その単語の下に鉛筆で記しておくとよいだろう

Point 2
授業の解説は赤ペンで書き込む

授業中は、解説のあった単語・熟語の意味を赤ペンで書き込んでいくと、自分が調べたものと授業で聞いた新しい知識が区別され、見直しのときにわかりやすい

Point 3
右ページにまとめて解説を書く

解説は本文のナンバーに合わせて右ページにまとめて書いていく。そうすることでテスト前の見直しをするときに、探さなくてもすぐに大事な箇所が見つけられる

Point 4
訳は別紙に書き、解説の下に貼る

右ページは、解説の量により余白のスペースが変わるため、日本語訳はナンバーに合わせて別紙に。授業終了後、のり付けをする。予習段階でわからなかった部分には下線を引いておき、授業中に赤ペンで書き込む

さらに ノート力UP!ポイント

一回ごとの授業を問題演習のつもりで!

予習で英文を訳す作業は問題を解くこと、授業中に教師の模範解答を聞いて修正するのは答え合わせをすることと同じである。そのため、毎回、問題を解いているつもりで英文の訳を予習していこう。また、間違えた訳は消してしまうのではなく、下に赤で正しい訳を書くこと。できない箇所が明確になるため、復習で活きる

英語長文ノートのつくり方

英語長文ノートは、①予習②授業③復習を考え、「英語の長文」「調べた単語・熟語」「日本語訳」「板書・解説」の4つに分ける。

①予習

左ページに英語の長文を書き（時間がなければコピー）、その下には調べた単語・熟語を書く。

右ページには、1ライン以上あけながら日本語訳を書く。ページ下には余白をとっておく。

②授業

教師の模範解答を聞き、間違えた訳は赤ペンで修正する。あけておいた右ページ下の余白には、教師の板書や解説を書いていく。

③復習

ノートを見直し、訳のミスや新しい構文、熟語などを確認する。書き込みのない教科書や参考書で、理解できるか確認を。

英語ノートのポイント5

1 「①予習」「②授業」「③復習」を考えた基本フォーマット

2 予習では、問題を解くつもりで英文の訳をすること

3 間違えた訳は消さないで、赤ペンで修正すること

4 教師の板書や解説などは、ノートの余白部分に書くこと

5 復習で使うために教科書には書き込まない

HOW TO MAKE
MATHMATICS
NOTEBOOKS

数学

授業ノートと問題演習ノートを使い分ける。

数学のノートは目的に応じて大きく2つのノートに分けられる。1つ目は、「授業ノート」。これは、新しく習う解法や基本知識を理解するために書く。2つ目は、「問題演習ノート」。これは、習った解法を定着させるための、言ってみればがむしゃらに書き散らしてもよいノートだ。入試本番に向け、答案をつくり、スピード力を磨くための受験対策ノートにもなる。

「授業ノート」で大切なことは、もちろん板書をきちんととるということ。それもただぎっしり詰めて書くのではなく、できるだけ多くの余白をとって書いてほしい。その余白部分は、教師が口頭で説明した内容や自分自身が理解するために必要なポイントなどを書き込むための重要なスペースとなる。

「問題演習ノート」では、テストの答案をつくるつもりで書いていくことが大切だ。途中式は省かずにきちんと答えまでの道筋を書いていく。それは、試験本番で論理的な、スムーズな流れの解答を書く訓練となる。また、「授業ノート」と同様にノートにびっしり解くのではなく、1ページに1問から2問のペースで解いていくことをおすすめしたい。余白のスペースは、ちょっとした計算や、答え合わせのときの間違えたポイントなどを書くために使う。そうすることで、見直したときに、どこでミスをしたのかきちんと確認することができるからだ。こうしてでき上がったノートは、問題集の解答ページよりも詳しい、自分の弱点が明確なノートとなる。

数学では、東大ノートの中から、力をつけるためのコツがつまった「授業ノート」と「問題演習ノート」を、1冊ずつ紹介する。

この「授業ノート」は、授業中という限られた時間の中でできるだけ理解を深めるために、余白にポイントを書き込み、重要な部分は目立たせるという工夫をしている。

また、「問題演習ノート」では、答え合わせのときに自分自身に向けて書いた、客観的で厳しいコメントがとても興味深い。

HOW TO MAKE
MATHMATICS
NOTEBOOKS

授業ノートは余白を多くとる

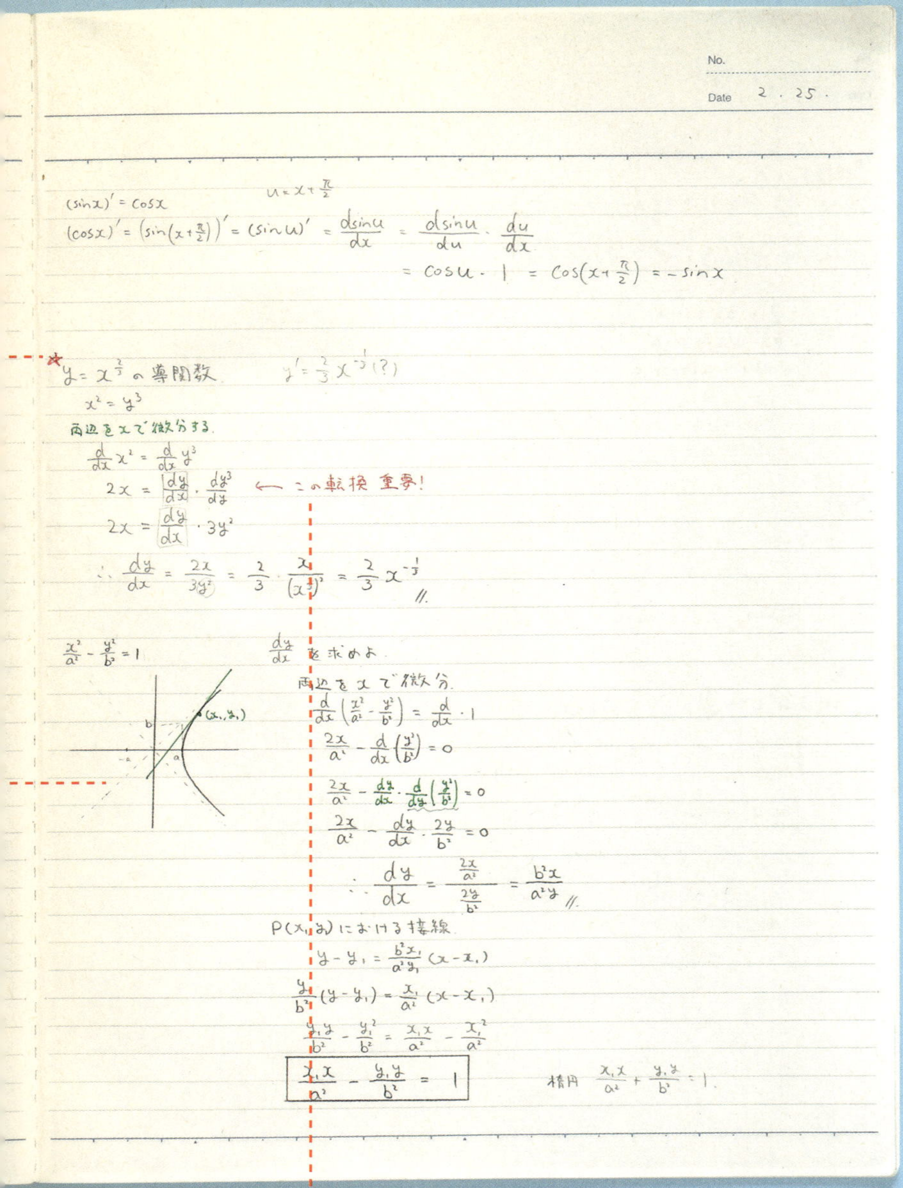

No.
Date 2.25.
(sinx)' = cosx
u = x + π/2
(cosx)' = (sin(x + π/2))' = (sinu)' = dsinu/dx = dsinu/du · du/dx
= cosu · 1 = cos(x + π/2) = −sinx
y = x^{2/3} の導関数
x² = y³
両辺をxで微分する.
2x = dy/dx · dy³/dy ← この転換重要!
2x = dy/dx · 3y²
∴ dy/dx = 2x/3y² = 2/3 · x/(x^{2/3})² = 2/3 x^{-1/3}
x²/a² − y²/b² = 1
dy/dx を求めよ.
両辺をxで微分.
2x/a² − 2y/b² · dy/dx = 0
∴ dy/dx = b²x/a²y
P(x₁, y₁) における接線
y − y₁ = b²x₁/a²y₁ (x − x₁)
x₁x/a² − y₁y/b² = 1
楕円 x₁x/a² + y₁y/b² = 1

Point 4

計算式の途中に流れのポイントを書き込む

途中式を書いていく中で論理の転換となる部分や間違えやすい部分などにはコメントを入れておく。見直しの際の確認が楽になるうえに、コメントを書くことで、記憶にも残りやすくなる

このノートの構成

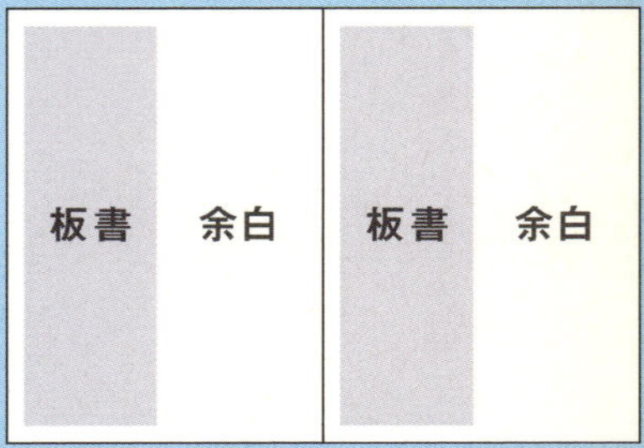

板書
余白
板書
余白

このノートに使われている「7つの法則」

- 法則1 と　とにかく文頭は揃える
- 法則3 だ　大胆に余白をとる
- 法則5 の　ノートは区切りが肝心
- 法則6 お　オリジナルのフォーマットを持つ
- 法則7 と　当然、丁寧に書いている

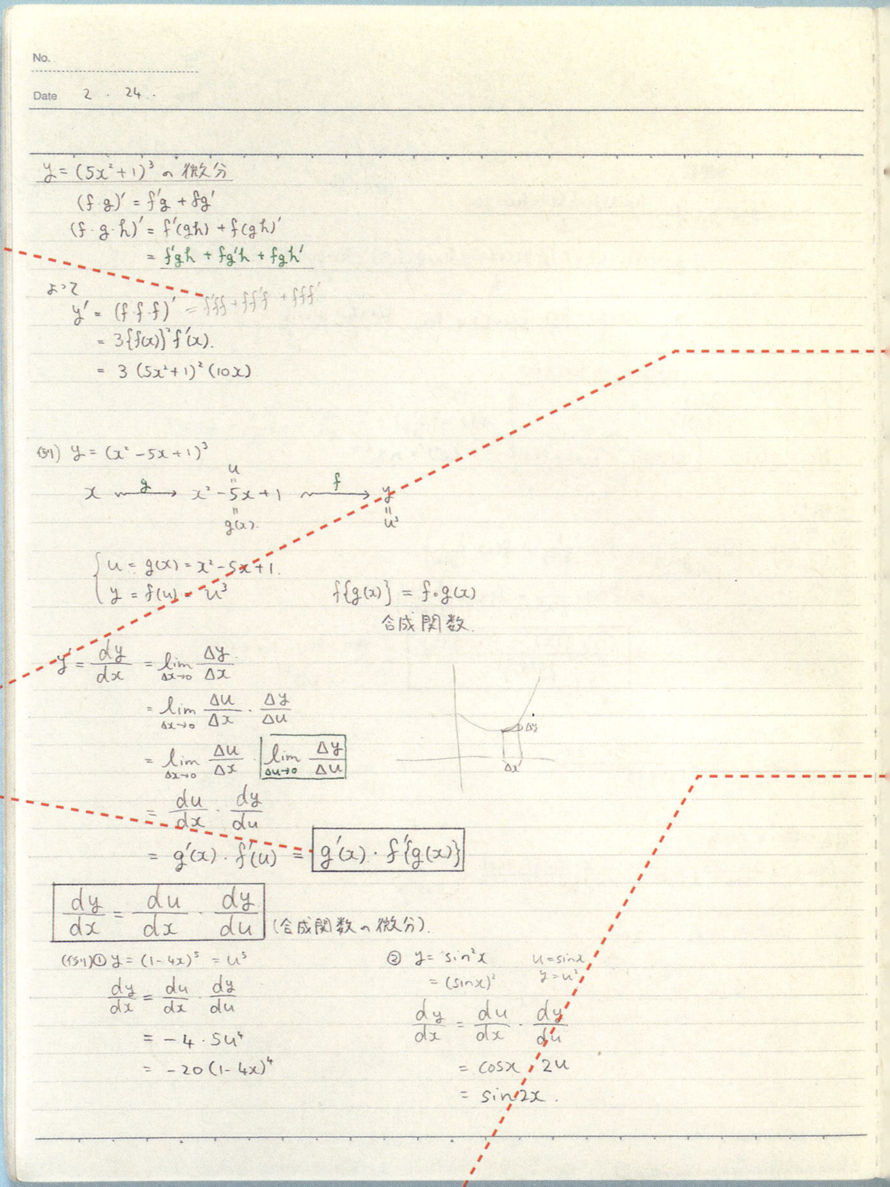

Point 1

余白を多くとり、追加の情報を書き込む

このノートは、板書はできるだけ左側に寄せて書き、右半分を余白として使っている。余白には、教師が口頭で説明した内容や理解するために必要な情報、計算メモなどを書き込んでいる

Point 2

重要なポイントは★印や囲むことで目立たせる

授業で説明された重要な部分は、ラインで囲んだり★印を付けたりすることで目立たせている。こうすれば色数を使わなくても、重要な部分にちゃんと目がいく

さらにノート力UP!ポイント

「板書マシーン」にならないこと！

数学の授業では「板書マシーン」になりやすい。教師が板書しなかったとしても「？」と思った部分は自分で計算するなど、一つひとつ理解していこう。その過程もノートに残しておくと、定期テスト前の復習には効果がある

Point 3

グラフや図は丁寧に書く

グラフや図は数学の解法を理解するうえで視覚的イメージをつくり、重要な役割を果たす。そのため、時間が許す範囲の中で、できるだけ丁寧に書いておこう

HOW TO MAKE MATHMATICS NOTEBOOKS

演習ノートには厳しくコメントを

Point 4
ありえないミスや一番覚えたいことはこの部分に書く

解いていると「覚えていたはずなのに」「なんでこんな基本事項を忘れていたんだ？ 」と感じることもあるはず。このように絶対に忘れたくない事柄は、見直しのときに一番最初に目に入るこの場所に書いておく

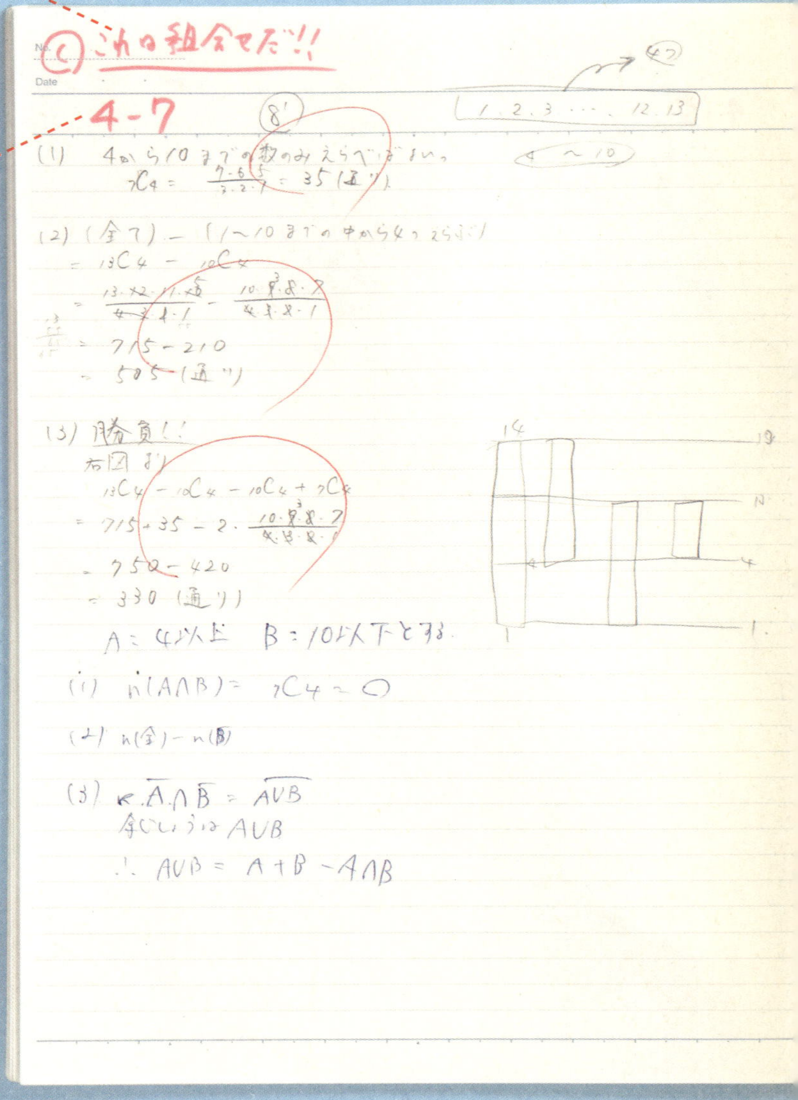

Point 5
見直しのことを考えて、必要であれば問題を貼る

このノートには問題は書かれておらず、問題の番号のみが記してあるが、見直しのことを考えると、ノートに問題を書き写したり、コピーをして貼っておくと、より効率的なノートになる

このノートの構成

問題番号	時間
問題の解答	メモスペース

このノートに使われている「7つの法則」

- 法則1 と とにかく文頭は揃える
- 法則3 だ 大胆に余白をとる
- 法則4 い インデックスを活用
- 法則5 の ノートは区切りが肝心

Point 1
問題は、1ページに1～2題

問題の解答を書く場合は、1ページにつき1～2題にする。それは、説明を書く余白をつくるためでもあり、解答の途中式もすべて書くためだ。計算は、メモとして隅に小さく書いておこう

Point 2
入試はスピード勝負 問題にかかった時間を計る

上に書かれた「5′」や「8′」という数字は、解くのにかかった時間。最初は一つの問題にじっくり取り組むことも大切だが、時間を計りながらやると徐々にスピードUPがはかれる

Point 3
間違えた部分や感じたことをコメントで書き込む

「手当たりしだいにいったらいきついてしまった」と書かれている。正解した問題でも理解して解いたかどうかは重要なポイント。またどこでミスをしたのか、それについてどう感じたかをコメントすることで、復習する際の手がかりになる

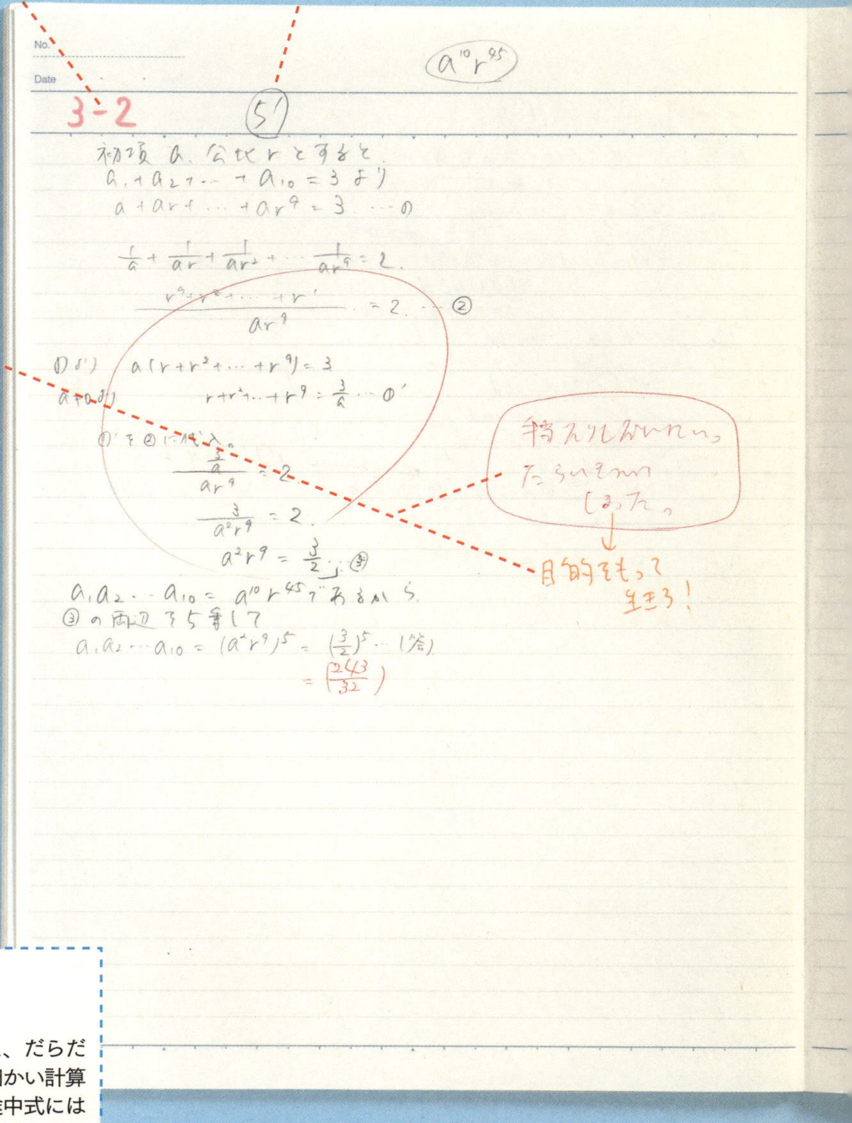

さらに ノート力 UP! ポイント

途中式はだらだらと書かない

解答までの途中式を省かないとはいえ、だらだらと書いていてはすっきりしない。細かい計算などは余白部分にメモとして書き、途中式には論理展開の中でポイントとなるものだけを書いておこう。計算メモを余白から消さずに残しておくことで、間違えたときの確認ができる

授業ノートのつくり方

授業ノートの構成は「板書」と「余白」。とてもシンプルだ。大切なのはそれぞれ中身を充実させること。板書部分は途中式やグラフ、図を省略せずに書き込む。そして余白部分には、教師による解説や理解を深めるための知識、間違えやすいポイントなどを書く。

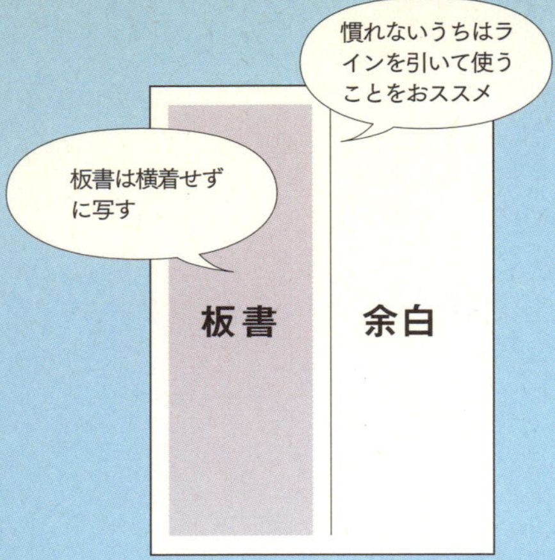
慣れないうちはラインを引いて使うことをおススメ
板書は横着せずに写す
板書
余白

数学ノートのポイント5

1 授業ノートと問題演習ノートを使い分ける

2 授業ノートも問題演習ノートも余白が大切

3 授業ノートでは板書をしっかりと写す

4 問題演習ノートでは、計算メモもきちんと書く

5 間違えやすいポイントは明確にしておく

問題演習ノートのつくり方

問題演習ノートは1ページにつき1~2問の分量で使うようにし、余白を多くとる。また、テストの答案を書くつもりで途中式を省かずに答えまでを書く。答え合わせのときは、どこでミスをしたかが明確になるように、間違えたポイントは目立つように書いておく。

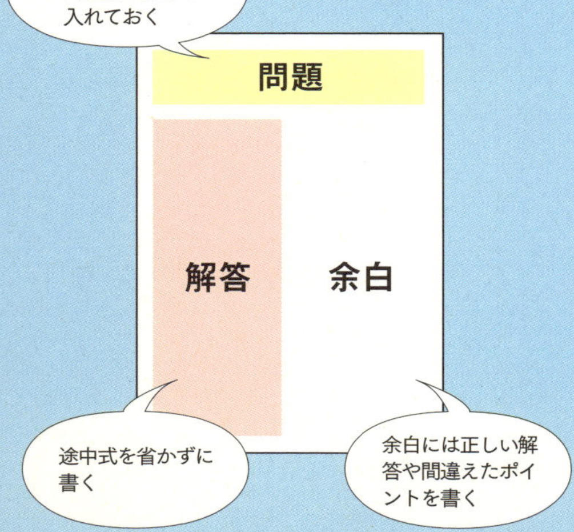
問題を貼ったり、問題集の番号を入れておく
問題
解答
余白
途中式を省かずに書く
余白には正しい解答や間違えたポイントを書く

HOW TO MAKE
JAPANESE LANGUAGE
NOTEBOOKS

国語

古文、漢文のノートは各要素の配置が肝心。

国語の古文、漢文のノートも、英語の長文読解用ノートと同様に自分の勉強スタイルに合ったフォーマットを決めることが大切だ。予習が重要なのも同じ。予習せずに授業を受けていてはただ板書を写すだけになり、テスト前に初めからやり直さなくてはならない。予習の段階で、授業ではどんなことを書き込まなくてはいけないのか、そのためにはどのようなスペースが必要なのか想定しておこう。

古文のノートに必要な要素は、「古文・現代語訳」「語彙」「板書」の3つ。ラインで3つの部分に分け、最も大きい部分に、「古文」を2~3行ほどあけながら写し、「古文」の横に「現代語訳」を書く。古文も日本語。現代語と表現や意味合いが変わらない箇所も多い。そのため、「現代語訳」はすべて書くのではなく、古文特有の表現部分のみを書くことで効率化をはかる。そして最も小さい部分に予習の段階で調べた「語彙」などを書く。さらに、残りの部分に授業の「板書」を写すと、シンプルにまとまる。

漢文のノートには、「漢文」「書き下し文」「現代語訳」「板書」の4つのスペースが必要となる。こちらは見開きを4段に分け、上から「漢文」「書き下し文」「現代語訳」「板書」の順番に書いていくと整理されたノートになる。

古文、漢文を写すときは、口に出して書いていくことで、文章のリズムが身についてくる。また、英語と同じく、古文、漢文とも教科書には書き込みをせずに、復習の際に古文・漢文のままで理解できるかチェックに使おう。

次のページから紹介する東大合格生の古文、漢文のノートは、それぞれの勉強スタイルに合ったフォーマットで書かれている。定期テスト前にはどこを見直せばいいのか、力をつけるためにはどの部分をしっかり書かなくてはいけないのか、それらを考え、つくられたノートだ。彼らのようにきちんと予習をし、授業を受け、必要な知識を書き出す。この積み重ねが、いつの間にか東大に合格するための力となっていくのだ。

HOW TO MAKE
JAPANESE LANGUAGE
NOTEBOOKS

国語・古文

ノートは見開きで3つに分けて使う

Point 1

ノートは3つのパーツに分けて使う

古文のノートに必要な要素は、「古文と現代語訳」、「語彙」、そして「板書」。この3つをきちんと整理して書くために、ノートは3つのパーツに分けて使おう

Point 2

古文は黒ペンで行間をあけて書く

古文を黒ペンで書けば、授業中に上から文法や句法、品詞などを書き込む際に消してしまう心配がない

Point 3

古文の横に現代語訳を書いていく

現代語訳は古文の隣にきちんと対応するように書く。古文特有の表現や訳せない部分を中心に書いておこう

Point 4

板書を書くためのスペースは大きめに

板書を書くためのスペースは大きめにとっておこう。この部分に、板書はもちろん教師の解説など追加情報をいろいろ書き込むことでテストに必ず役に立つはず

さらにノート力UP!ポイント

古文も日本語。全文を訳さなくても大丈夫

古文は英文と違い、現代日本語と文法は同じ。また、現代でも通じる表現があるため全文を訳す必要がないことも多い。古文特有の表現や自分がわからなかった部分のみを訳すことで、必要なことが書き込まれた効率的なノートとなる

このノートの構成

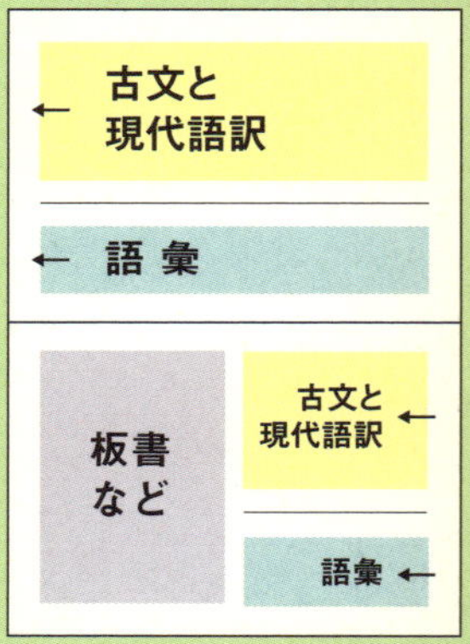

このノートに使われている「7つの法則」

法則3 だ 大胆に余白をとる

法則4 い インデックスを活用

法則5 の ノートは区切りが肝心

法則6 お オリジナルのフォーマットを持つ

法則7 と 当然、丁寧に書いている

方丈記 ～ゆく河の流れ～ 鴨長明
ゆく河の流れは絶えずして、しかももとの水にあらず。淀みに
浮かぶうたかたは、かつ消えかつ結びて、久しくとどまりたる例なし。
世の中にある人と栖と、またかくのごとし。
たましきの都のうちに、棟を並べ甍を争へる、貴き賤しき人の
住まひは、世々を経て尽きせぬものなれど、これをまことかと尋ぬれば、
昔ありし家はまれなり。あるいは去年焼けて今年作れり。あるいは
大家滅びて小家となる。住む人もこれに同じ。所も変はらず人も
多かれど、いにしへ見し人は、二、三十人が中にわづかに一人二人なり。朝に
死に夕べに生まるるならひ、ただ水の泡にぞ似たりける。
知らず、生まれ死ぬる人、いづ方より来たりて、いづ方へか去る。また知らず、
仮の宿り、誰がためにか心を悩まし、何によりてか目を喜ばしむる。その
主と栖と無常を争ふさま、いはば朝顔の露に異ならず。あるいは
露落ちて花残れり。残るといへども朝日に枯れぬ。あるいは花しぼみて
露なほ消えず。消えずといへども夕べを待つことなし。
三大随筆
枕草子 → 方丈記 → 徒然草
天変地異
安元の大火(1177)
治承の辻風(1180.4月)
(福原遷都(1180.6月))
養和の飢饉(1181)
無常観
勅撰和歌集
千載集
隔海路恋
思ひあまりうちぬる宵の幻も浪路を分けてゆき通ひけり
鴨長明
賀茂神社の神官の家
継げなくて出家
方丈 3m四方
和漢混交文

HOW TO MAKE
JAPANESE LANGUAGE
NOTEBOOKS

国語・漢文

ノートは見開きで4段に分けて使う

Point 1

ノートは4段に分けると見やすくなる

漢文のノートに必要な要素は「漢文」「書き下し文」「現代語訳」「板書」の４つ。これらを一度に把握するためにはこのようにノートを見開き４段で使う

Point 2

一番上の段には漢文を書き写す

一番上の段には漢文を２～３ラインずつ間隔をあけ書き写す。間隔をあけることで、句法なども書き込める

Point 3

2番目の段には書き下し文を書く

上の段の漢文と対応するように書き下し文を書く。なお、何も書き込んでいない教科書の白文を自力で書き下し文にできるようにする訓練で、漢文が得意になる

Point 4

3番目の段には現代語訳を書く

ここも上の段と対応するように現代語訳を書く。予習は鉛筆で書き、授業で習う正しい訳は赤ペンなどを使い修正する。間違えた箇所は消さずに残しておくこと

Point 5

一番下の段には板書を書く

一番下の段は「板書」を書くためのスペース。この部分は、板書だけでなく、教師の解説や、漢文や現代語訳の部分に書き込めなかった内容など、必要な情報をどんどん書いていこう

さらにノート力UP!ポイント

ノートか教科書にはレ点・返り点を

漢文は書き下し文さえできれば現代語訳は楽。教科書が白文ならば、ノートにきちんとレ点・返り点を書いておこう。漢文を読む力がつくだけでなく、復習に役立つノートとなる

このノートの構成

- 漢文
- 書き下し文
- 現代語訳
- 板書・語彙など

このノートに使われている「7つの法則」

法則６ お オリジナルのフォーマットを持つ

法則７ と 当然、丁寧に書いている

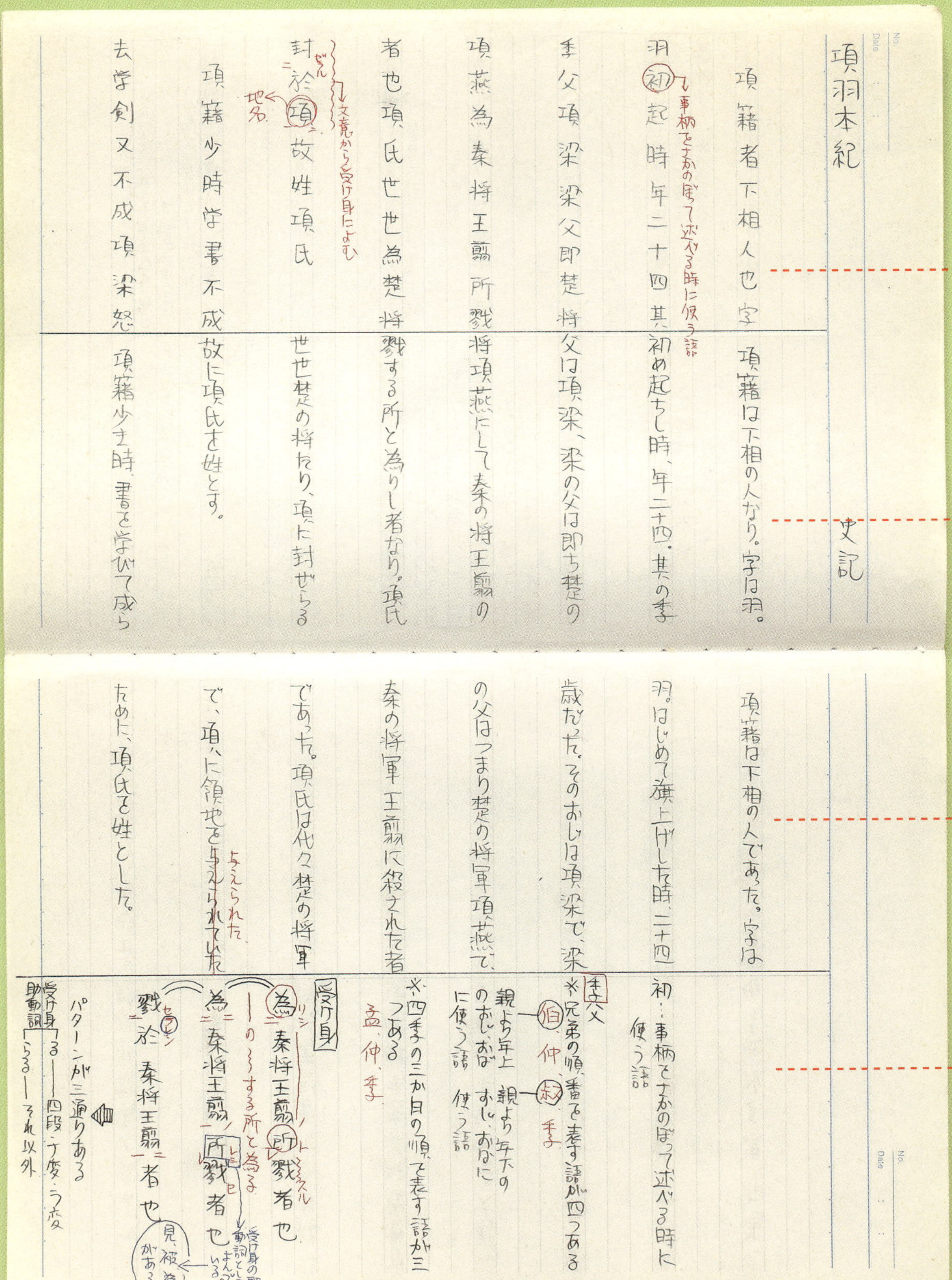

項羽本紀　史記

項籍者下相人也字羽初起時年二十四其季父項梁梁父即楚将項燕為秦将王翦所戮者也項氏世世為楚将封於項故姓項氏
項籍少時学書不成去学剣又不成項梁怒

項籍は下相の人なり。字は羽。初め起ちし時、年二十四。其の季父は項梁、梁の父は即ち楚の将項燕にして秦の将王翦の戮する所と為りし者なり。項氏世世楚の将たり、項に封ぜらる故に項氏を姓とす。
項籍少き時、書を学びて成ら

項籍は下相の人であった。字は羽。はじめて旗上げした時、二十四歳だった。そのおじは項梁で、梁の父はつまり楚の将軍項燕で、秦の将軍王翦に殺された者であった。項氏は代々楚の将軍で、項に領地を与えられていた（与えられた）ために、項氏を姓とした。

初…事柄をさかのぼって述べる時に使う語

季父
※兄弟の順番を表す語が四つある
伯、仲、叔、季
伯…親より年上のおじ・おばに使う語
叔…親より年下のおじ・おばに使う語

※四季の三か月の順で表す語が三つある
孟、仲、季

受け身
為秦将王翦所戮者也
為…所…　～する所と為る
為秦将王翦所戮者也　受け身の助動詞として読んでいる
戮於秦将王翦者也
見・被・為がある

パターンが三通りある
受け身助動詞
る — 四段・ナ変・ラ変
らる — それ以外

古文ノートのつくり方

古文のノートは３つのパーツに分ける。上の段には「古文」と、その横に対応するよう「現代語訳」を書く。その下に、調べた「語彙」や文法などを書き込み、残りは「板書」や教師の話を書くスペースとする。これで必要な要素はすべて書き込めるノートとなる。

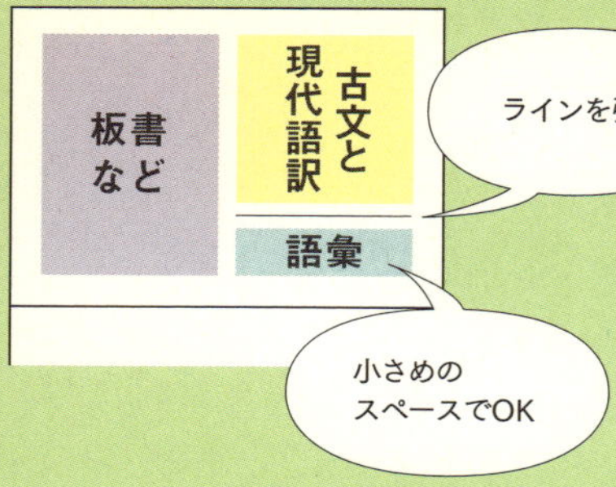

国語ノートのポイント5

1 基本フォーマットを決める

2 古文、漢文は間隔をあけて黒ペンで書く

3 現代語訳は予習で行い、授業の模範解答で修正を

4 現代語訳は、古文や漢文に対応させて書く

5 復習で使うために教科書には書き込まない

漢文ノートのつくり方

漢文のノートは４つのパーツに分ける。いちばん上から「漢文」「書き下し文」「現代語訳」「板書・語彙」を書いていくとまとまる。また、「漢文」「書き下し文」「現代語訳」はそれぞれが対応するように同じライン上に書くと、見直しのときに便利だ。

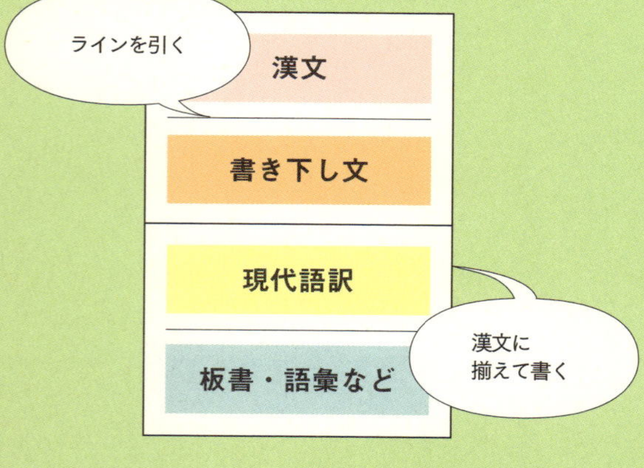

ノート力はかならず活きる。

ここまで、東大合格生のノートをたくさん紹介してきましたが、どうでしたか？　書き込まれた情報量も多く、きちんと整理されているため、手が届かないと感じているかもしれませんね。でも、第三章で明らかになったように、その構造を分解してみると、つくりは意外なほどシンプル。基本となるフォーマットに味付けとして「7つの法則」が活用されているだけです。東大合格生のノートとはいえ、「7つの法則」がすべて使われているわけではありません。それぞれが、自分に必要な法則だけを取り入れている。それで十分なのです。

もしあなたが高校生であれば、もう10年近く、毎日ノートと向き合ってきているはずです。それぞれノートづくりには自分のスタイルがあり、習慣を変えることに抵抗はあるかもしれません。それでも、「なかなか成績が上がらない」と不満を感じていたり、「ノートの書き方はこれでいいのかな」と不安を感じたりしているのであれば、是非、「東大ノート」づくりを参考に、彼らのノウハウを取り入れてみてはどうでしょうか。このノートをつくってきた先輩たちは、みんな東大に合格しているのです。効果は証明済みです。

最初は「7つの法則」にのっとって、形から入る。真似できるところからでいいのです。それを続けていくうちに、こうしよう、ああしようという思いが生まれ、やがてオリジナルのスタイルを確立することができるはずです。そして、ノートづくりを楽しんでみてください。

誰かにやらされて嫌々ノートをつくっていた東大合格生はいません。自主的に、自分で試行錯誤しながら、オリジナルの形を見つけています。面倒くさいという気持ちは、少しだけ横において始めてみてください。

ノートづくりの力は、ただ行きたい大学に合格して終わり、という一過性のものではありません。意識的にノートづくりをすることが、情報をまとめる力を養います。それは大学を卒業し、社会人になって企画書をまとめたりプレゼンをしたりという際の基礎力を鍛えることにもなります。もちろん普段の生活にも同じように活きるでしょう。ノート力は考えていることをまとめ、言葉にして相手にきちんと伝える力になり得るのですから。

ノート力はあなたの一生の財産になるはずです。

WOMEN

東大生のぞき見コラム⑤ 合格者必須アイテム

受験当日のカバンの中身見せてください。

いよいよ受験当日。——東大に合格した受験生たちはどんな物を持って行ったのだろう。男の子と女の子に、それぞれのカバンの中身を再現してもらいました。

①ペンケース②母親からの弁当と水③チョコレート④ハンカチ⑤風邪のためティッシュ⑥ハサミと文房具は①の中に⑦友達がくれたお守り⑧腕時計⑨音楽プレーヤー⑩ゲーム機⑪受験票や学校案内⑫後輩に貰った色紙⑬小銭入れが便利⑭カイロ⑮ポーチの中にはリップクリームなど⑯保温性のある薄いひざ掛け

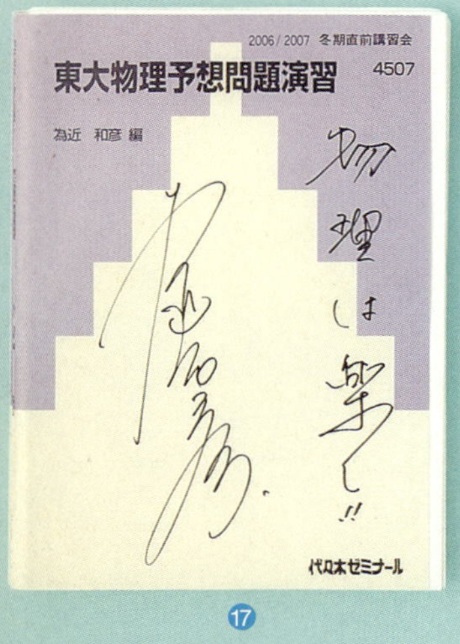

❶緊張で喉がかわくのでホテルの近くで買ってきたお茶❷緊張で胃が痛み胃薬❸携帯電話❹長年愛用の筆箱❺ハンカチ❻目薬❼幼なじみに貰ったお守り❽ティッシュ❾チョコレート❿貴重品袋⓫好きな漫画⓬昼食用バナナ⓭のど飴⓮復習用の問題集⓯ハサミ⓰腕時計⓱お世話になった先生のサインもお守り代わりに

おわりに　――感謝の気持ちにかえて

「もっと早く〝東大ノート〟のつくり方を知っていたら……」

取材中、何度そう思ったかしれません。予習などせず、授業中に模範解答を写しただけでノートをとった気になっていた高校時代から15年。取材中、「文頭を揃えればいいんだね！」なんて自分の取材ノートに目をやると、文頭はガタガタ、情報はバラバラとノートの上で躍っている。これじゃ、原稿にまとめる際に時間がかかるのはしょうがありません。

「未来の自分に気を遣ってノートをとる」という言葉に象徴されるように、「東大ノート」のつくり手たちは、みんな、あとから見直すときのことを頭に置いて、ノートを書いていました。そして、取材を進めていくうちに、いつの間にか「7つの法則」を気にしながらノートをとっている自分がいました。

　この本は、多くの東大生、元東大生の協力があったからこそ実現できました。講義や部活、恋にバイトと忙しい毎日を送る中、快く時間を割き、大切なノートを携えて、東大受験の経験がないわたしのしつこい質問に、嫌な顔ひとつせず丁寧に答えてくれました。「自分の経験が後輩の役に立つのなら、なんでも協力しますよ」と言ってくれた彼らのお陰で、確信を持ってこの本の制作を進められました。心から感謝します。

イラストレーターのワタナベケンイチさんには、わたしをイメージしたキャラクターを描いていただきました。また、この本を世に出すきっかけを下さった文藝春秋の木俣さん、写真の榎本さん、デザインの番さん、永井さん、中川さん、そして編集の児玉さん。

一緒に泣いたり笑ったりしながら、最後までお付き合いくださり、本当に本当にありがとうございました。

この本の制作に携わったみんなの思いは一つです。
「単なるノート術で終わらない、体温が感じられる本をつくりたい」
何度も開いていただける本となることを願っています。

最後に、この本を手にとってくれたみなさますべてに、感謝の気持ちをこめて。

２００８年８月　太田あや

太田あや（おおた あや）
1976年石川県生まれ。日本女子大学文学部卒業。
一橋大学大学院言語社会研究科修士課程修了。
2002年、株式会社ベネッセコーポレーション入社。
中高生向けの通信教材『進研ゼミ』の編集に携わる。
2006年退社。フリーとなり、
臨時増刊『週刊文春BUSINESS』などで執筆。

写真
榎本麻美
イラストレーション
ワタナベケンイチ
編集
児玉藍
アートディレクション
番洋樹
デザイン
永井翔／中川真吾
DTPオペレーション
御嶽亜由美
資材設計
浜野友樹
プリンティングディレクション
岩倉邦一（大日本印刷）
協力
原口宏（麻布中学・高校生物教師）

東大生・東大卒業生協力者（敬称略）
青山朋未／安東俊郎／井形宣一朗／石田慎
伊東史裕／植田阿希／宇高英／大薗勇輔
太田健一郎／太田衆一郎／尾形哲朗／長田穣
小田敏弘／木内久雄／後藤照典／酒谷彰一
庄司健太／土岐和多瑠／長永学／中西剛／中村太一
中村充／中山忠光／西田昂広／野口卓郎
村本健造／森山真人／矢部光樹子／山岡美有紀
山口優夢／横山沙織／和久利浩 他

東大合格生のノートはかならず美しい
2008年9月30日 第一刷
2008年11月15日 第六刷
著者 太田あや
発行者 木俣正剛
発行所 株式会社文藝春秋
東京都千代田区紀尾井町3-28
〒102-8008
電話 03-3265-1211（代表）
印刷所 大日本印刷
製本所 DNP製本

ISBN978-4-16-370620-7

2008年8月現在の情報をもとに作成しています。

Advantage
NOTEBOOK
Notebook
Campus
化学
KOKUYO
6mm B5
vol.3
Conferma
Campus
KOKUYO
Resolution
量子化学
KOKUYO
NOTE BOOK
倫理
PREFERENCE
Campus
英語R
KOKUYO
B
化学
Campus
物理
KOKUYO
NOTEBOOK
B
Campus
数学III No.2
KOKUYO
Note Book
A
Campus
Reader L課題用
KOKUYO
notebook
生物
Campus
KOKUYO
Swing
漢文
Nakabayashi
Superior Note Book
biology
III
Combine
NOTEBOOK
36枚
B罫
superior note book
英語R
Campus
数学
KOKUYO
Swing
Nakabayashi
Campus
古典
Campus
英語G
NOTE BOOK
英作
Notebook
生物

Notebook
Reader
otebook
政治・経済
KANI
化学
KANI HIGHSCHOOL
Expert
数学C
APICA
Campus
地理
KOKUYO
Campus
KOKUYO
Campus
数学I(チャート)
KOKUYO
Campus
Biology
KOKUYO
Superior Note Book
physics 1
resolution
有機化学III
KOKUYO
NOTE BOOK
College
NOTEBOOK
公民
Notebook
生物
Campus
Z会英語
復習
KOKUYO
Notebook
古典
PREFERENCE
フレックス
日本史論述
石田 慎
Swing
Nakabayashi
Campus
化学(No.5)[A]
尾形哲朗
KOKUYO
Swing
古典
Nakabayashi
Superior Note Book
5
Complete
NOTE BOOK
vol.1
化学演修 vol.5
6mmB5
superior note book
Campus
東大模試 No.2
FUNNY LAND
ANIMAL FESTIVAL
FROM AFRICA
Swing
American Flash
Excellent Stationery